Abbé GEORGES SCHAEFER
DU CLERGÉ DE PARIS

Comment diriger nos Patronages de Jeunes Filles

Victor Lecoffre

Comment diriger nos Patronages de Jeunes Filles

TYPOGRAPHIE FIRMIN-DIDOT ET Cie. — MESNIL (EURE).

Abbé GEORGES SCHAEFER
DU CLERGÉ DE PARIS

Comment diriger nos Patronages de Jeunes Filles

PARIS
LIBRAIRIE VICTOR LECOFFRE
RUE BONAPARTE, 90

1905

PERMIS D'IMPRIMER

Paris, 26 décembre 1904

H. ODELIN
v. g.

LETTRE

DE S. G. Mgr DELAMAIRE, ÉVÊQUE DE PÉRIGUEUX, A L'AUTEUR

Périgueux, le 13 octobre 1904.

Mon cher Abbé,

Quand vous êtes venu m'offrir, il y a quelques jours, les bonnes feuilles de votre si attrayante brochure sur les Patronages de jeunes filles parisiens, vous avez vu de suite, par la façon dont je me suis, un peu trop longuement peut-être, engagé dans le sujet, combien il m'était cher et à quel point il me préoccupait.

Vous me causiez des patronages de ville et je vous répondais patronages de campagne. C'était simplement une façon de vous dire le grand cas que je fais du ministère sacerdotal et du zèle catholique qui se dépensent pour ces œuvres.

Continuez, cher Abbé, de donner des conférences qui attachent nos pieuses et vaillantes femmes françaises à la cause du vrai peuple sous cette forme si douce, si élevée, et en même temps si féconde, des Patronages.

Parlez-leur des enfants de Paris qu'elles coudoient et servent l'hiver, parlez-leur aussi des enfants de la campagne qu'elles retrouvent chaque été. Il faut que les uns et les autres soient aimés et cultivés, et qu'aucun ne soit négligé.

Il me semblait, l'autre jour, tandis que nous causions avec animation de ces captivants sujets, que des horizons pleins de lumière s'ouvraient devant nous et nous provoquaient, avec une fascinante attirance, à la marche en avant dans l'amour des humbles et dans le dévouement énergique à leur cause sacrée.

Puissions-nous être beaucoup à nous laisser ainsi entraîner vers cette belle action de l'éducation catholique et sociale, sans craindre la longueur de la marche ni les déconvenues de la route.

Vos Conférences si documentées et si vécues sont là, d'ailleurs, pour garder les nouvelles recrues de l'Œuvre des Patronages contre les regrettables déperditions de zèle et de ressource commises à la première heure.

Vous y rappelez souvent, en effet, à vos lecteurs et à vos lectrices, qu'avec une bonne méthode, une solide organisation, avec l'utilisation des échecs d'autrui et des siens propres, on arrivera à faire rendre facilement cent pour un des efforts dépensés à tel patronage déterminé.

Tous ceux qui vous auront lu et médité, veilleront à se souvenir de vos conseils, car les hommes, le temps et l'argent leur apparaîtront choses si précieuses qu'ils se garderont bien de les gaspiller faute d'expérience et de précaution.

Quant à vous, cher Abbé, vous avancerez de plus en plus dans la voie où je vous voyais débuter, avec tant de sainte et hardie résolution, il y a une quinzaine d'années, alors que j'avais la vive consolation d'aller vous visiter en votre patronage naissant de Plaisance. Vous irez droit devant vous, avec courage et confiance toujours, heureux surtout de prouver, par des résultats bien plus encore que par des discours, à quel point notre bien-aimé peuple de France est transformable par l'Évangile, et comment, dans ses plus humbles couches, il offre à ceux qui savent les recueillir et les polir de véritables joyaux de délicatesse, d'esprit de foi, et souvent même d'héroïsme.

Croyez, cher Abbé, à mes sentiments bien affectueusement dévoués.

FRANÇOIS,
Évêque de Périgueux.

PRÉFACE

On sait l'origine de ce volume. L'auteur avait fait à Saint-Augustin, en 1903-1904, de concert avec M. l'abbé Lenfant, une série de conférences sur la manière de diriger les patronages de jeunes filles. Ce sont ces conférences que des amis bienveillants l'ont décidé à publier. On les retrouvera ici telles qu'elles furent données. Les occupations d'un ministère très chargé n'ont pas permis à l'auteur de les remanier assez profondément pour en faire disparaître les lacunes et les imperfections dont il a le premier conscience. Il espère du moins que, même sous la forme qui leur valut à Saint-Augustin un accueil favorable, et dans un cercle plus étendu, elles pourront encore faire du bien.

Georges SCHAEFER,
Aumônier du Patronage de Plaisance,
Directeur du « *Guide des Patronages de jeunes filles* ».

Paris, le 1er janvier 1905.

Comment diriger nos patronages de jeunes filles

PREMIÈRE CONFÉRENCE

Qu'est-ce qu'un patronage? — Patronnées et directrices.

MESDAMES,

Vous savez le but de ces Conférences. M. l'abbé Lenfant, mon excellent et éloquent confrère, vient de vous l'exposer. Ce que nous voulons, ce n'est pas tant susciter des dévouements au service de l'Œuvre des patronages — ils existent et sont légion — mais les éclairer, les diriger et leur faire produire tous leurs fruits, en mettant à leur disposition les résultats acquis de l'expérience sur le terrain des œuvres.

Il y a, en effet, Mesdames, une doctrine des patronages, comme il y a une science de l'école, une pédagogie. Non pas que nous vous apportions ici des idées systématiques — l'œuvre du patronage est une œuvre trop souple, trop vivante pour se laisser enfermer dans la gangue d'un système absolu — mais nous estimons qu'il est des principes qu'il faut posséder et dont il faut tenir compte, quand on veut s'assurer pour une œuvre toutes les chances de succès.

Nous nous demanderons aujourd'hui, Mesdames, ce qu'il faut entendre par ce mot de patronage, c'est-à-dire : le but à poursuivre, à quelles enfants cette œuvre s'adresse, et nous terminerons par quelques considérations sur le personnel appelé à la diriger.

I

Qu'est-ce donc, d'abord, qu'un patronage?

Il est entendu qu'un patronage c'est une œuvre complémentaire de l'école, destinée à assurer la persévérance des enfants du peuple. Mais est-ce assez dire? S'agit-il simplement de grouper quelques petites filles dans un local approprié et de leur procurer des distractions et des jeux pour les préserver des dangers de la rue? C'est déjà, certes, faciliter leur persévérance que d'écarter les périls qui les menacent dès le jeune âge. Mais est-ce là toute l'œuvre du patronage? non sans doute.

S'agit-il de donner de plus à ces enfants quelques leçons de catéchisme? Elles ne persévéreront, en effet, que si elles sont instruites. Mais est-ce en cela que consiste à proprement parler l'œuvre du patronage? Non, pas encore.

Qu'est-ce donc exactement que le patronage?

Le patronage, dirons-nous, est une œuvre de formation morale et sociale, servant de complément à l'école et au catéchisme, et destinée à soustraire les enfants du peuple aux dangers de la rue et à les préparer aux grands devoirs de la vie en assurant du même coup leur persévérance définitive.

Voilà, me semble-t-il, condensée en une formule et envisagée sous ses divers aspects, toute la mission du patronage.

Essayons d'expliquer cette définition.

Le patronage, ai-je dit, Mesdames, est avant tout une œuvre de *formation*. Ah! comme je voudrais graver ce mot dans vos esprits.

Au premier abord le patronage éveille l'idée d'une oasis, d'un lieu de repos physique et moral où nos enfants trouvent un abri contre la corruption et les dangers extérieurs. Et c'est déjà quelque chose. Mais ce n'est qu'une condition *sine qua non* de l'œuvre du patronage, ce n'est pas l'œuvre même.

L'œuvre du patronage, c'est non pas seulement de préserver dans ces enfants le présent, mais de préparer l'avenir; c'est de les armer pour les luttes qui les attendent dans la vie, d'en faire des femmes, des épouses, des mères accomplies, des chrétiennes au vrai et grand sens du mot, et, s'il se peut, des apôtres; c'est d'assurer la dignité de leur vie en les aidant à développer leur valeur professionnelle tout autant que leur valeur morale; c'est de cultiver chez elles tout l'être, toutes les aptitudes, toutes les vertus de la femme, pour en faire plus tard, au foyer de l'ouvrier qui les épousera et au milieu de ce peuple qui s'éloigne de nous, le plus puissant instrument de conquête morale.

Voilà l'œuvre du patronage, voilà votre œuvre, Mesdames, la voilà avec de grands horizons, sans doute, mais des horizons jusqu'où s'étendent vos devoirs et vos responsabilités.

Car ces enfants, par le fait que vous vous êtes chargées d'elles aux lieu et place de leurs parents, sont devenues vos enfants et vous n'avez pas le droit de leur refuser, au point de vue de leur formation morale, ce que vous ne refuseriez pas à vos propres enfants.

Que diriez-vous d'une mère qui se contenterait d'assurer à ses enfants le vivre et le vêtement, de les garder chez elle à l'abri des dangers du dehors, et ne prendrait aucun souci de leur éducation ni de leur avenir?

Vous jugeriez sévèrement la conduite d'une telle mère.

Eh bien, Mesdames, à vous aussi incombe le

devoir de prévoir, de préparer chez vos enfants du patronage, l'avenir, tout l'avenir, et de ne les laisser suivre leurs destinées qu'armées de toutes pièces pour le combat de la vie.

Le patronage n'est pas seulement une œuvre de préservation, mais encore et avant tout une œuvre de *formation*.

Je tiens cependant, Mesdames, à faire ici une réserve.

Je vous ai montré l'œuvre du patronage parvenue au dernier terme de son développement, et telle qu'elle peut s'accomplir dans les patronages qui ont atteint les années de la maturité. Il est évident qu'une œuvre à ses débuts ne pourra pas, du premier coup, réaliser ce programme; et, si même elle disposait, à cet effet, de toutes les ressources possibles, je ne le lui conseillerais pas. C'est une loi de sagesse, autant que de nécessité, qu'il faut, dans les œuvres, aller lentement. Les organisations hâtives sont toujours précaires, il faut à toutes choses la patine du temps.

Cette réserve me paraît d'autant plus nécessaire que je ne voudrais, dans cet auditoire, décourager personne. Tout ce qu'il faut retenir, de ce que nous venons de dire, c'est que nous ne devons jamais, en nous occupant de nos enfants, perdre de vue leur avenir, et que c'est même uniquement pour préparer leur avenir et leur persévérance définitive que l'œuvre du patronage est faite. Si vous ne détournez pas les yeux de cette pensée, vous saurez bien au moment propice trouver le moyen de la réaliser.

J'ajoute, mais ici je serai bref, car, hélas! les circonstances parlent pour moi, que le patronage est une œuvre de *défense*. L'école libre a vécu ou cessera bientôt de vivre, nous sommes en face de l'école sans Dieu! Or le patronage reste, je ne dis pas notre dernière ligne de défense, car, dût-il disparaître à son tour, nous trouverions bien autre chose, mais enfin le patronage est devenu provisoirement le seul moyen dont nous disposions pour sauver la foi de nos enfants et, en eux, la foi des générations futures. Nos adversaires, qui ont juré de nous détruire, l'ont si bien compris, qu'eux aussi ont fortifié de ce côté leurs ouvrages. Ce n'est plus uniquement l'école laïque que nous avons devant nous, mais, autour de l'école, après l'école, tout un ensemble d'institutions, de barrières formidables où ils ne voudraient laisser aucune fissure par où pût s'échapper, du cercle qui va se resserrant autour d'elle, l'âme de l'enfant, de la jeune fille, de la femme de demain.

Je trouve, Mesdames, — et il est étrange que j'aie à faire cette remarque, tant le danger qui grandit est menaçant, — que nous ne nous préoccupons pas assez de cette situation. A quoi bon chercher à se faire illusion et, comme certain animal du désert, se mettre la tête sous l'aile en face du danger? Ne vaut-il pas mieux, au contraire, le regarder en face pour mieux nous tenir sur nos gardes?

Laissez-moi donc vous faire connaître quelques chiffres, empruntés à une source autorisée, au rapport présenté au ministre de l'instruction publique par M. Édouard Petit, inspecteur général, sur la situation, en 1902-1903, des œuvres post-scolaires laïques.

Ce rapport, paru au *Journal officiel* le 9 juillet 1903, note l'existence, à cette date, de 15.354 cours de jeunes filles adultes, suivis par 174.764 auditrices.

Ces cours comprennent :

1° Des cours d'*illettrées*, principalement dans les campagnes;

2° Des cours *spéciaux* établis dans les centres urbains et les campagnes... Ces cours varient selon les lieux. Dans les grandes villes on enseigne spécialement l'anglais, l'allemand, la comptabilité, la sténo-dactylographie. Un peu partout, dans les centres urbains, on s'occupe d'hygiène, de travaux d'aiguille, de *puériculture*.

3° Enfin on organise partout des cours *techniques* d'enseignement ménager et domestique.

Les patronages laïques sont, au point de vue du nombre, en progrès constant : contre 1.393 qu'ils étaient en 1901-1902, il y en a 1.662 en 1902-1903.

L'âme de tout ce mouvement post-scolaire est la Ligue maçonnique de l'Enseignement. Elle a des adhérents partout, dispose de ressources considérables et tient tous les ans, dans ses congrès, des assises où ses membres accourent par milliers et d'où partent les mots d'ordre qui seront ensuite exécutés dans tout le pays.

Qu'en pensez-vous, Mesdames??...

On dira que les chiffres sont grossis. Diminuez-les de moitié, si vous le voulez.

On dira encore que ces œuvres sont vouées à l'insuccès, qu'il y manque le dévouement. Outre que ce n'est pas toujours vrai, nous nous trouverons toujours en présence de ce résultat que les enfants, les jeunes filles, les femmes une fois accaparées par elles, même transitoirement, si l'on y tient, ne viendront plus chez nous.

Enfin, et c'est à cette conclusion que je voulais en venir, vous voyez, d'après les quelques citations que je viens de vous faire, où tendent les efforts de nos ennemis. Ils ne perdent pas de vue l'avenir, eux. C'est même leur principal objectif. Ils embrigadent la jeunesse dans leurs mutualités, leurs syndicats, leurs cours du soir, leurs conférences familiales. Et partout c'est le même mot d'ordre : l'esprit laïque, c'est-à-dire l'esprit irréligieux, l'esprit athée.

Permettez-moi de vous citer à ce propos quelques lignes suggestives d'un homme, grand mandarin de lettres, qui ne fut pas toujours notre adversaire, et que nous avons connu plus libéral : M. Lavisse. C'est une sorte de profession de foi publiée dans *les Annales de la Jeunesse laïque*[1]. C'est intitulé : Ce que c'est que d'être laïque :

« Être laïque, écrit M. Lavisse, ce n'est pas limiter à l'horizon visible la pensée humaine, ni interdire à l'homme le rêve et la perpétuelle recherche de Dieu; c'est revendiquer pour la vie présente l'effort du devoir.

« Ce n'est pas vouloir violenter, ce n'est pas mépriser les consciences encore détenues dans le charme des vieilles croyances, c'est *refuser aux religions qui passent le droit de gouverner l'humanité qui dure.*

« Ce n'est point haïr telle ou telle église ou toutes les églises ensemble ; *c'est combattre l'esprit de haine qui souffle des religions et qui fut cause de tant de violences, de tueries et de ruines.*

« Être laïque, *c'est ne point consentir la soumission de la raison au dogme immuable,* ni l'abdication de l'esprit humain devant l'incompréhensible; c'est ne prendre son parti d'aucune ignorance.

« C'est croire que la vie vaut la peine d'être vécue, aimer cette vie, *refuser la définition de la terre « vallée de larmes », ne pas admettre que les larmes soient nécessaires et bienfaisantes, ni que la souffrance soit providentielle;* c'est ne prendre son parti d'aucune misère.

1. Numéro de juin 1902.

« *C'est ne point s'en remettre à un juge dirigeant par delà la vie du soin de rassasier ceux qui ont faim, de donner à boire à ceux qui ont soif, de réparer les injustices et de consoler ceux qui pleurent*, c'est livrer bataille au mal au nom de la justice.

« Être laïque, c'est avoir trois vertus : la charité, c'est-à-dire l'amour des hommes; l'espérance, c'est-à-dire le sentiment bienfaisant qu'un jour viendra, dans la postérité lointaine, où se réaliseront les rêves de justice, de paix et de bonheur, que faisaient, en regardant le ciel, les lointains ancêtres; la foi, c'est-à-dire la volonté de croire à la victorieuse utilité de l'effort perpétuel. »

II

Et maintenant, Mesdames, à quelles enfants doivent s'ouvrir nos patronages?

J'ai dit aux enfants du peuple. Mais il faut s'entendre sur ce mot.

C'est un préjugé assez répandu dans la haute société que les enfants de nos patronages se recrutent exclusivement dans la classe ouvrière, même et surtout dans la classe indigente. Et je n'oserais pas dire qu'il ne se rencontre pas de directrices de patronage pour partager ce préjugé. Peuple, ouvriers, indigents, tous ces mots, pour certaines gens, se confondent, se brouillent en une seule idée : les pauvres.

De là à confondre nos œuvres avec des œuvres de charité, de bienfaisance, il n'y a qu'un pas.

Nous verrons prochainement ce qu'il faut penser de cette conception quant à ses conséquences pratiques. En tous les cas, nos patronages ne sont pas, ne doivent pas être des œuvres de pauvres. Nos patronages sont le complément de l'école, le plus souvent son correctif. Or ce ne sont pas seulement les pauvres qui vont à l'école primaire, ce sont tous les enfants qui ne fréquentent pas l'école payante, c'est-à-dire les enfants non seulement des pauvres, des ouvriers, mais encore des petits bourgeois.

Eh bien! je dis que c'est à tous ces enfants que doit s'adresser le patronage et qu'il faut le concevoir, l'organiser de telle sorte que, de même qu'à l'école, tous puissent s'y trouver chez eux...

Pourquoi ? Parce que nous nous devons à tous, et qu'à tous on s'efforce d'inoculer le virus laïque.

Pourquoi encore ? Parce que, dans nos patronages qui sont une œuvre d'éducation morale, nous avons besoin d'éléments meilleurs et déjà plus affinés par leur milieu pour entraîner les autres.

Pourquoi enfin ? Parce que c'est dans la petite bourgeoisie que se rencontrent ordinairement les enfants les plus intelligents, et que l'intelligence est une valeur sociale dont il faut nous emparer, pour ne pas la laisser accaparer par nos adversaires et la voir se tourner contre nous.

C'est donc tous les enfants — j'entends tous les enfants catholiques — qui fréquentent l'école primaire qui doivent trouver place dans nos patronages.

J'ajoute que ce sont tous ces enfants indistinctement, dès le moment où ils franchissent le seuil de l'école. C'est à l'âge de six ans que l'enfant commence à apprendre à lire, c'est à l'âge de six ans qu'il devra recevoir au patronage ces premières notions religieuses que la famille et, à plus forte raison, l'école ne donnent plus. C'est de neuf à douze ans que l'enfant de nos écoles primaires s'instruit le plus, c'est de neuf à douze ans qu'il faut, de concert avec le catéchisme, assurer son instruction religieuse, mieux encore son éducation religieuse et sociale, par tout cet ensemble de leçons, d'exercices, d'avis pratiques qui constituent comme la trame de la vie du patronage. Et cela sous peine de bâtir sur le sable, au risque, si l'on n'ouvre le patronage qu'à des jeunes filles de treize à vingt ans, après leur première communion, de se trouver en présence d'éléments mal préparés, pis que cela, en présence d'âmes offrant des lacunes qui ne peuvent plus être comblées.

Aussi l'œuvre du patronage, je parle, bien entendu, de l'œuvre complète, telle qu'elle est partout désirable, ne peut-elle plus se concevoir que comme une œuvre comprenant ces trois groupes que la nécessité a rendus pour ainsi dire classiques : les toutes petites, les enfants de neuf à douze ans, les persévérantes.

III

Quelques mots, Mesdames, sur le personnel appelé à diriger nos œuvres.

J'aurai l'occasion, dès notre prochaine conférence, d'appeler plus longuement votre attention sur les garanties que doit offrir une directrice de patronage. Je me bornerai, pour aujourd'hui, à quelques indications générales.

L'œuvre du patronage — tout ce que nous venons d'en dire a pu, s'il en était besoin, vous en convaincre davantage encore — est une œuvre sérieuse. Elle a donc besoin d'être faite sérieusement. Il y faut, outre la bonne volonté et le dévouement, des aptitudes et certaines conditions spéciales qu'on ne rencontre pas chez tout le monde. Il y faut une préparation, un apprentissage véritables.

Que diriez-vous, Mesdames, d'une institutrice qui monterait dans une chaire d'école, fût-ce de la dernière école de village, sans autre bagage que sa bonne volonté? Eh quoi! il y a des écoles normales pour former nos institutrices, il y a des diplômes à obtenir, toutes sortes d'épreuves à subir avant d'avoir le droit d'instruire les enfants du peuple; et la première personne venue pourrait, sans autre garantie que sa situation de fortune ou son caprice, et sans aucun contrôle, ouvrir un patronage et former à sa guise des générations de jeunes filles? Cela s'est vu pourtant, cela peut se voir encore, et l'on ne s'étonnera pas que nous nous élevions contre un tel abus.

Il est donc nécessaire que nos directrices ne soient pas choisies au hasard et qu'avant d'être mises à la tête d'une œuvre, elles aient fait sous la direction d'autrui un stage sérieux.

Nous voudrions aussi que les directrices ne transforment pas l'esprit de tradition qui est respectable, en esprit de routine qui est détestable; qu'elles regardent quelquefois par-dessus les murs de leur œuvre, qu'elles se tiennent au courant de ce que font ailleurs amis ou adversaires; que, sans s'éprendre à première vue de toutes les nouveautés, elles accueillent avec sympathie toutes les idées bonnes et fécondes; qu'elles s'élèvent enfin, sans négliger les intérêts particuliers de leurs patronages, à cette conception des intérêts généraux et de l'union des efforts que l'on rencontre trop rarement, hélas! chez nos femmes d'œuvres.

Nous voudrions enfin que nos directrices se préoccupent davantage de la formation de leurs auxiliaires, tenant, ce qui est nécessaire, à concentrer dans leurs mains l'autorité, mais laissant en même temps à leurs aides assez de liberté pour favoriser leur initiative et exciter leur intérêt...

Mais je m'aperçois, Mesdames, que je prêche des converties. Laissez-moi du moins garder l'espoir, en finissant, que de tout ce que nous venons de dire il restera quelque chose, ne serait-ce que la résolution d'aller partout stimuler et gagner à la cause des patronages, les zèles latents ou endormis.

DEUXIÈME CONFÉRENCE

Le dévouement suffit-il? — La méthode et l'autorité

MESDAMES,

Nous nous sommes efforcé, dans notre première conférence, de définir exactement l'œuvre du patronage.

Le patronage, avons-nous dit, ce n'est pas seulement une œuvre de préservation, encore moins de bienfaisance, mais avant tout une œuvre de *formation*, d'éducation intégrale des jeunes filles du peuple, c'est-à-dire des jeunes filles ayant fréquenté ou fréquentant encore l'école primaire.

Telle est la définition que nous avons donnée du patronage. Nous l'avons donnée pour bien fixer les principes et préciser nettement le but à poursuivre avant de passer à l'étude des moyens les plus propres à l'atteindre.

Pour aujourd'hui, nous nous demanderons

quelles sont les forces dont vous disposez pour mener à bien l'œuvre du patronage.

De ces forces, nous en indiquerons trois : le dévouement, certaines aptitudes et dispositions personnelles, la méthode.

I

Parlons d'abord du dévouement.

Qu'il faille, Mesdames, du dévouement, beaucoup de dévouement pour travailler dans nos patronages au salut et à la formation chrétienne des enfants du peuple, c'est ce que personne ne conteste. On en est même tellement convaincu, on a si souvent à la bouche ce mot de dévouement qu'il semble qu'il suffise à assurer le succès. Quoi qu'il en soit, le dévouement est nécessaire, non pas, il est vrai, un dévouement banal, à la portée de tout le monde, mais un dévouement de qualité supérieure.

Or, vous savez, Mesdames, comment parfois les choses se passent.

Un orateur éloquent, entraînant — mettons que ce ne soit pas, dans la circonstance, M. Lenfant, — parle, devant un auditoire féminin, en termes saisissants, de la grande, de la belle œuvre des patronages. Aussitôt les cœurs s'émeuvent, les résolutions se prennent sur place, les postes de combat sont distribués, acceptés avec empressement... Deux mois plus tard, que reste-t-il de cette belle levée de boucliers? Neuf combattants sur dix ont déserté le champ de bataille. Pourquoi? Parce qu'autre chose est de s'enflammer en un moment d'enthousiasme pour une œuvre aperçue sous son aspect oratoire, et autre chose de soutenir l'élan de la première heure pendant un an, deux ans et plus, de ne se laisser arrêter par aucun obstacle, ni décourager par aucune de ces mille difficultés qui sont le pain quotidien de la vie des œuvres.

Il ne faut donc pas, dans nos patronages, de ce dévouement « feu de paille », de ce dévouement de salon, où il entre souvent, il faut le dire, beaucoup d'illusions personnelles, parfois même d'entraînement mondain et de snobisme, mais le dévouement que j'appellerai à « feu continu », celui qui brûle aujourd'hui et toujours, le dévouement sans mesure, sans reprise, qui trouve sa source et son aliment au pied du crucifix.

Dois-je craindre, Mesdames, de vous effrayer en mettant si haut le dévouement qui vous est demandé? Non sans doute, puisque vous-mêmes, vous ne sauriez le concevoir ni le pratiquer autrement, et que vous y trouvez, malgré toute l'abnégation qu'il suppose, une source d'incomparables jouissances.

II

Mais, même ainsi compris, le dévouement ne suffira pas à assurer le succès dans l'œuvre du patronage. Il y faut, en second lieu, certaines conditions et certaines aptitudes personnelles.

Il y faut d'abord la jeunesse, surtout pour une personne qui débute dans une œuvre.

La jeunesse aime la jeunesse; elle s'attache de préférence à ceux que l'âge met plus près d'elle.

Voulez-vous me permettre, Mesdames, de vous citer à ce propos un souvenir personnel? J'ai eu le bonheur d'être élevé dans les catéchismes de Saint-Sulpice. Ces catéchismes sont faits, comme vous le savez, par des élèves du grand séminaire, de tout jeunes gens qui s'y consacrent avec l'ardeur et le zèle de leurs vingt ans. Or, un jour qu'un de mes petits camarades d'une paroisse voisine était venu me voir, nous nous mîmes à causer catéchisme. « Et qui donc, lui demandai-je, vous fait le catéchisme? — Mais, les vicaires de la paroisse. — Les vicaires! repris-je effrayé... Sont-ils vieux, tes vicaires, ont-ils des cheveux blancs? » Et cette vision d'un catéchiste à cheveux blancs me frappa si fort, que le souvenir m'en est resté.

Sans doute, ce n'était là qu'une impression d'enfant, mais j'ai pu constater souvent depuis que cette impression ne m'était pas personnelle et que les enfants en général aiment plutôt les jeunes visages.

N'exagérons rien cependant. Ce qui importe surtout, c'est la jeunesse du cœur, c'est la gaieté, c'est l'entrain que l'on peut trouver, Dieu merci, même sous des cheveux blancs. Sans doute il vaut mieux, dans les œuvres, débuter jeune, mais il n'est pas défendu d'y vieillir, surtout quand des dévouements plus alertes viennent vous seconder, et qu'au contact perpétuel de ses enfants, on a gardé la gaieté de ses jeunes années.

Mais surtout point de bonnets de nuit au patronage, point de visages sévères qui seraient l'épouvantail de nos jeunes oiseaux !

Je voudrais que l'on pût inscrire sur la porte de nos patronages : « A bas l'ennui ! » et qu'on n'y tolérât jamais, dans le personnel, de ces figures austères, spectres vivants de la mélancolie !..

Il faut donc, pour faire le patronage, la jeunesse : jeunesse de l'âge, jeunesse surtout du cœur.

Il y faut de plus l'autorité.

C'est peut-être le don le plus rare, et cependant le plus nécessaire.

L'autorité, c'est-à-dire, ce je ne sais quoi dans le maintien, le geste, la parole, le silence même qui, du premier coup, fait sentir à l'enfant son maître.

Savoir se faire obéir simplement, sans effort, sans éclat, ce n'est, certes, pas donné à tout le monde, mais inutile sans cela de s'occuper d'une œuvre de jeunesse.

Il peut y avoir des causes multiples de l'insuccès d'un patronage, il n'en est pas de plus fréquente ni de plus sûre que le manque d'autorité.

Et dire qu'il y a de malheureuses directrices qui poussent l'inconscience jusqu'à ériger, pour ainsi dire, en principe ce manque d'autorité. « Mais, nous disent-elles, si je me montre trop sévère, mes enfants laisseront là le patronage! » Non, non, Mesdames, les enfants ne fuiront pas votre œuvre, parce que vous exigerez d'elles l'obéissance, surtout si vous avez soin d'y faire régner en même temps la bonté et la gaieté. Les enfants sont plus logiques que cela. Ils savent bien que c'est leur rôle d'obéir et le vôtre de commander. Les enfants sont comme les chevaux : ils aiment à sentir la bride, et quand ils ne la sentent plus, ils s'affolent.

Ce n'est pas l'autorité qui leur fait peur, mais bien plus le manque d'autorité. Exigez beaucoup de vos jeunes filles et elles vous resteront; elles vous fuiront au contraire si, à la suite de votre faiblesse, le désordre, le laisser-aller, l'ennui viennent, comme c'est fatal, s'installer au patronage.

Voyez les directrices de patronage qui réussissent. En est-il une seule qui n'ait de l'autorité, une très grande autorité? Je sais des œuvres, et des plus prospères, où l'on ne supporte pas la moindre désobéissance, même de la part des grandes, où l'ordre, la tenue sont considérés comme un bien de famille. On y joue sans doute et on y est fort gai, mais au sortir d'une récréation, en entrant dans les salles, le silence s'établit dès le seuil comme d'instinct. « On ne cause pas dans les salles », telle est la brève formule qui vient au besoin rappeler aux nouvelles qu'elles sont dans une œuvre, où, malgré l'esprit très large, le respect de la règle est absolu.

Quelle pitié au contraire quand on pénètre dans certains autres patronages, même aux jours solennels où il semble qu'il devrait y avoir plus de tenue. Au laisser-aller des enfants, à l'impuissance des directrices d'obtenir un semblant de silence, on sent que l'autorité est absente. Tristes œuvres et pauvres directrices, on se demande à quoi elles servent !

Pardonnez-moi, Mesdames, si j'en dis trop. Mais je touche ici au grand fléau qu'il faudrait partout combattre : le manque de tenue, le désordre, conséquence de l'excessive faiblesse de certaines directrices.

Ah ! je sais bien que de nos jours les enfants sont difficiles ; obtenir d'eux l'obéissance alors que partout à l'école, dans la famille, le principe d'autorité fléchit, n'est pas commode. C'est toute une éducation à refaire, quand derrière nous, entre deux séances, elle n'est pas défaite. Courage, cependant ! Au bout de très peu de temps de persévérance et de ténacité de notre part, nos enfants seront les premières à apprécier l'ordre et la paix que nous aurons fait rentrer dans l'œuvre avec l'autorité.

Une autre disposition nécessaire à une directrice, c'est d'aimer ses enfants.

« Eh quoi! me direz-vous, est-il donc possible qu'une directrice n'aime pas ses enfants? »

Mesdames, il y a aimer et aimer. On peut aimer ses enfants d'une affection vague, banale, impersonnelle, qui n'est pas l'affection vraie. Une mère aime autrement que cela, elle aime de toute son âme. Mesdames, il faut aimer vos enfants comme une mère, de toute votre âme, il faut que vous vous y attachiez. « Les aimer humainement alors? » Oui, Mesdames, humainement, autant que surnaturellement, ou plutôt il faut que votre affection puise, dans l'inspiration surnaturelle, une force et une profondeur qui fassent de vous, même pour des enfants qui ne sont pas les vôtres, qui ont leurs défauts et n'ont parfois rien d'attirant, de vraies mères au sens complet du mot.

Il faut, je vais jusque-là, qu'il entre dans votre affection ce grain d'indulgence et de faiblesse qu'il y a dans l'affection des mères, que vous croyiez à vos enfants, à leur intelligence, à leur cœur, et surtout que vous ne vous souveniez pas trop et que vous ne les fassiez pas trop souvenir des distances sociales qui vous séparent d'elles.

N'ai-je pas entendu un jour cette réponse d'une directrice à qui je proposais une œuvre de zèle pour ses grandes jeunes filles : « Oh, c'est inutile, elles sont trop bêtes. »

Mesdames, jamais une mère n'aurait dit cela !

Je me souviens que, lorsque pour la première fois la Providence me confia une œuvre de jeunesse, je voulus aller demander à mon prédécesseur quelques conseils dont avait besoin mon inexpérience. « Mon ami, me dit-il, je n'ai qu'un mot à vous dire : Aimez vos jeunes gens et vous leur ferez du bien. »

Voulez-vous Mesdames, faire du bien à vos enfants? Aimez-les vraiment avec toute votre foi de chrétiennes, avec tout votre cœur de femmes et de mères.

Je pourrais m'étendre encore sur cette question des aptitudes et des dispositions que doit avoir une directrice de patronage pour être à la hauteur de sa tâche. Mais je préfère m'en tenir là pour parler avec quelque détail d'un facteur considérable dans la direction et le succès de vos œuvres : la *méthode*.

Mesdames, sans méthode, les qualités et les dispositions les plus rares, le dévouement, l'intelligence, la bonté demeurent inutiles. Ce sont des forces, mais des forces vouées à la stérilité, faute d'être réglées et dirigées.

L'eau qui gronde dans le torrent, ou qui tombe en nappes imposantes de hauteurs vertigineuses, est une force assurément, mais une force perdue, à moins qu'on ne la capte, qu'on ne l'emprisonne en des canaux, et qu'on ne la transforme, pour activer une puissante machine, en énergie et en mouvement.

Ainsi en est-il des qualités dont je parlais tout à l'heure : Pour trouver tout leur emploi, pour être même de quelque utilité dans nos œuvres, il est nécessaire qu'elles se plient à la discipline d'une méthode.

Comme nous l'avons déjà dit, cette méthode existe, elle est le fruit de l'expérience commune, elle met à votre disposition un ensemble de principes et de règles pratiques qu'il faut connaître et appliquer, avec discernement, sans doute, si l'on veut s'assurer le succès. A vrai dire, toutes nos conférences seront consacrées à exposer cette méthode. Nous nous bornerons pour aujourd'hui à l'exposé de certains principes généraux que nous ferons suivre à titre d'exemples de quelques applications pratiques.

Le premier de ces principes, c'est que la directrice doit être maîtresse chez elle.

Il peut arriver, Mesdames, qu'une personne possédant de grandes ressources veuille les consacrer à l'œuvre du patronage, et qu'en même temps elle désire y apporter son concours actif, y donner de son temps et de sa personne. Rien de plus légitime en somme, et j'ajouterai rien de plus heureux, car à voir l'œuvre de plus près, à s'y dévouer, elle s'y intéressera davantage, et il est juste qu'elle trouve, dans la vue du bien que ses largesses permettent d'accomplir, la meilleure récompense, ici-bas, de sa générosité.

Mais de là prétendre diriger l'œuvre elle-même quand les loisirs ou les aptitudes lui manquent, ou simplement venir mettre ses caprices au travers du fonctionnement régulier du patronage, voilà qui ne saurait s'admettre. A chacun son rôle, à la directrice l'autorité, à la bienfaitrice la charité.

Souvenez-vous aussi, Mesdames, qu'au patronage toutes les considérations de personnes doivent s'effacer devant les intérêts supérieurs de l'œuvre et des enfants.

Je trouve abusif, par exemple, que la rentrée du patronage dépende du caprice d'une directrice qui prolonge sa villégiature, que des enfants attendent des heures entières une dame qui oublie de venir, ou qu'on les condamne à seriner toutes ensemble une leçon de catéchisme que, livrées à elles-mêmes, elles pourraient apprendre plus intelligemment et plus vite.

Un autre point important, c'est la bonne organisation de l'emploi du temps. Que l'entrée et la sortie aient lieu à des heures commodes pour les familles, et à des heures fixes, du moins pendant une même saison. Il est nécessaire, en effet, que l'heure de la sortie en hiver ne soit pas la même que pendant l'été et que les enfants ne soient pas renvoyées dans l'obscurité.

De même il faudra varier les exercices de telle

sorte que les réunions de salle alternent avec les récréations sur la cour. Ne laissons jamais les enfants plus d'une demi-heure dans une salle; vingt minutes, vingt-cinq minutes de parole, c'est tout ce qu'elles peuvent supporter. Cependant l'inconvénient ne sera plus le même si deux exercices se suivent dont l'un n'exige pas de tension d'esprit et constitue plutôt un repos. Par exemple, il n'y aurait aucune difficulté à placer une leçon de chant après dix minutes d'avis matériels ou inversement.

En politique, a-t-on dit, gouverner c'est prévoir. Dans la direction d'un patronage, il faut aussi prévoir. De même qu'un bon professeur prépare toujours sa classe, de même une directrice doit préparer chacune de ses séances de patronage. Bien plus il importe que le programme de l'année soit tracé dès le début, du moins dans ses grandes lignes; que les dates des retraites, des réceptions de congréganistes soient fixées; que l'on prévoie le nombre et l'époque des promenades, des séances récréatives; qu'il y ait un coutumier du patronage, c'est-à-dire un registre où soit noté au jour le jour tout ce qui se fait dans l'année et comment on doit le faire.

Ainsi rien n'est laissé au hasard, tout se fait mieux, et sans s'interdire à l'occasion les réformes utiles, on ne change pas de système tous les huit jours au grand détriment de l'œuvre et à l'affolement de tout le monde.

Je voudrais enfin, comme je l'ai dit déjà, que dans tous nos patronages, les enfants fussent groupées en deux ou trois sections selon les âges. La division la plus naturelle est celle qui correspond aux divers catéchismes. On obtient ainsi trois sections : les enfants de six à neuf ans; les enfants des catéchismes, c'est-à-dire les enfants du catéchisme de première communion (1re et 2e année); enfin les persévérantes.

Il semble inutile d'insister pour montrer que cette répartition en plusieurs groupes distincts est absolument nécessaire. On ne parle pas à des petites filles de six ans comme à des enfants de onze ans ou à des jeunes filles de seize ans. Et cependant la nécessité de cette division n'est pas toujours comprise. Il y a quelque temps je visitais un de nos plus beaux et plus vastes patronages de Paris. Quelle ne fut pas ma surprise en constatant qu'on n'avait prévu pour recevoir les quatre cents enfants de l'œuvre qu'une immense salle de vingt à vingt-cinq mètres où toutes se trouvaient confondues. C'est comme si dans une construction l'on avait oublié l'escalier !

Bien entendu cette division par groupes n'est utile que pour les exercices de salle. Dans la cour, au contraire, il vaut mieux que les enfants jouent toutes ensemble, sauf cependant les toutes petites qui ont besoin de jeux proportionnés à leur taille.

Doit-on accueillir les tout jeunes bébés? Je ne

le pense pas. J'entends bien les raisons qu'on allègue : « « Si nous ne prenons pas, nous dit-on, les petits frères et les petites sœurs, les parents ne nous enverront pas les grandes. » Le fait est exact, mais songe-t-on aux difficultés qu'il y a de garder confondus avec les autres enfants, dans la cour du patronage, ces petits frères et ces petites sœurs qui auraient besoin chacun d'une bonne à leur service! Que si vous voulez à tout prix leur donner asile, que ce soit dans un local spécial, à côté du patronage. Vous aurez alors une garderie que beaucoup de mamans béniront, dont telle de vos auxiliaires s'occupera avec délices, mais dont l'œuvre même du patronage ne souffrira pas.

Ainsi donc autorité concentrée entre les mains de la directrice, préoccupation exclusive de l'intérêt des enfants, sage organisation de l'emploi du temps, esprit de prévoyance, répartition des enfants en plusieurs groupes ayant chacun son fonctionnement propre, autant de principes de direction que nous enseigne une bonne méthode. Assurément il en est d'autres encore sur lesquels nous aurons l'occasion de revenir, nous n'avons voulu en indiquer que quelques-uns à titre d'exemple pour montrer la place que doit tenir dans la direction de nos œuvres l'esprit de méthode.

III

Si vous me le permettez, Mesdames, je terminerai cette conférence en vous soumettant quelques spécimens de ce qu'a pu imaginer l'esprit de méthode pour faciliter leur tâche aux directrices. Ce sont des *bulletins d'admission*, des *cartes de présence*, des *insignes de groupe.*

Voici d'abord un modèle de *bulletin d'admission*[1]. Ce sont deux feuillets séparés par un pointillé. Sur le premier se trouve un questionnaire que doivent remplir et signer les familles : Nom, prénom de l'enfant, date de naissance, adresse, école, etc. Le second feuillet contient l'horaire des exercices du patronage et quelques recommandations intéressant plus spécialement les parents.

Ce feuillet doit être détaché et gardé à la maison. On comprend les avantages de ce bulletin d'admission. L'inscription se fait pour ainsi dire automatiquement et par les familles elles-mêmes, chaque enfant a sa fiche que l'on pourra ensuite classer par groupe et par ordre alphabétique et consulter rapidement selon les besoins. Mais ce sont surtout l'horaire et les recommandations aux familles qui sont précieux. Plus de malentendus possibles au sujet des heures ou du règlement, c'est écrit, c'est imprimé, les parents ont eux-

1. Voir le texte ci-contre.

PATRONAGE DE JEUNES FILLES

POUR LES

élèves et anciennes élèves des écoles communales

BULLETIN D'ADMISSION

à détacher et à renvoyer à la Directrice

Nom..

Prénom..

Date de naissance..

Adresse..

École ou état..

Le.. *19*..........

Signature des Parents

PATRONAGE DE JEUNES FILLES

RÈGLEMENT A L'USAGE DES PARENTS

Les réunions ont lieu le **jeudi** et le **dimanche**.

Le **jeudi**, le Patronage reçoit les enfants dès l'âge de six ans.

Il est ouvert : le *matin*, de 8 heures à 10 heures (1), et le *soir*, de 1 heure à 5 heures.

Le **dimanche**, le Patronage reçoit les ouvrières et les apprenties ; on y admet aussi les enfants qui viennent régulièrement le jeudi.

Le matin, les enfants qui ont fait leur première Communion ou qui la feront dans l'année doivent être au Patronage dès 8 heures moins 1/4. Elles sont libres à 9 heures. Les enfants plus jeunes viennent à 10 heures moins 1/4 et sont libres à 11 heures.

Le soir, le Patronage ouvre pour toutes les enfants de 1 heure à 5 heures.

On prie les parents d'avertir eux-mêmes quand ils ont besoin des enfants avant l'heure du départ. On leur recommande également de ne pas les envoyer sans coiffure.

Des cartes de présence sont remises aux enfants qui doivent les faire timbrer à chaque réunion et les présenter ensuite à leurs parents.

Ceux-ci sont priés de vouloir bien s'assurer que leurs enfants ont obtenu les bons points dont elles ne sont privées qu'en cas d'infraction au règlement.

(1) Les réunions du jeudi *matin* sont supprimées pendant les mois d'août et de septembre.

mêmes les indications en mains, et ainsi on coupe court à toutes les contestations.

Je ne vous recommande pas moins, Mesdames, la *carte de présence* [1], c'est le plus commode des moyens de contrôle. L'enfant dépose, en arrivant, sa carte dans une boite assez semblable à une boite aux lettres. A l'heure fixée, les cartes sont levées et timbrées, les présences relevées sur un registre spécial et, à la fin de la séance, l'enfant reçoit de nouveau sa carte qu'elle doit rapporter timbrée à ses parents. Avec ce système dont le fonctionnement est plus simple encore qu'il ne paraît, on fait l'économie d'un bureau de contrôle et d'une personne obligée de s'y tenir en permanence. On peut ainsi relever en moins d'une demi-heure les présences de 200 enfants. Ajoutons que la carte de présence peut être utilisée pendant toute une année, jeudis et dimanches, qu'elle est de forme commode, d'aspect coquet, ce qui plait toujours à des jeunes filles, et que son prix de revient est insignifiant. La dépense est même nulle quand on la fait supporter aux familles : il en est peu qui ne puissent donner dix centimes et c'est le meilleur moyen d'ailleurs d'obliger les enfants à prendre soin de leur carte.

Quant aux *insignes de groupe*, on pressent les avantages qu'il peut y avoir à distinguer par des couleurs différentes, bleu, rouge, vert, par

1. Se reporter aux fac-similés, pages, 34-35.

PATRONAGE DE JEUNES FILLES

	1. S.	2. S.	3. S.	4. S.	5. S.	
Octobre. . .						
Novembre.						
Décembre .						
Janvier. . .						
Février. . .						
Mars. . . .						
Avril. . . .						
Mai.						
Juin.						
Juillet. . .						
Août						
Septembre.						

Cette carte doit être déposée au Contrôle avant ....

PRÉSENCES DU JEUDI

PRÉSENCES DU DIMANCHE

SECTION.............. — CARTE DE PRÉSENCE

à ....

	1. S.	2. S.	3. S.	4. S.	5. S.	
Octobre. . .						
Novembre .						
Décembre .						
Janvier. . .						
Février. . .						
Mars						
Avril						
Mai.						
Juin.						
Juillet . . .						
Août						
Septembre.						

Chaque présence est marquée d'un timbre.

PATRONAGE

DE JEUNES FILLES

CARTE DE PRÉSENCE

A ______________________________

SECTION ________

Cette carte doit être déposée au contrôle avant ________ pour être rendue aux jeunes filles à la fin de la Séance.

Chaque présence est marquée d'un timbre.

	1re S.	2e S.	3e S.	4e S.	5e S.	
Octobre . . .						
Novembre .						
Décembre . .						
Janvier . . .						
Février . . .						
Mars						
Avril						
Mai						
Juin						
Juillet . . .						
Août						
Septembre .						

exemple, les enfants de chaque section. On les reconnait à première vue dans la cour, et elles se retrouvent elles-mêmes plus vite, pour les divers mouvements. Ces insignes ont une forme spéciale, ce sont des nœuds, des bouffettes et non des rubans. Ce n'est pas que nous répudions les rubans, mais ils ont un peu trop l'air « confrérie ». D'ailleurs ils ont l'inconvénient de faire double emploi avec les rubans de congrégations, et de se confondre facilement avec ces derniers. La bouffette au contraire est plus élégante, fixée au côté gauche avec une épingle anglaise, on peut l'agrémenter d'une médaille, sans risquer comme il arrive avec les rubans, que les enfants ne soient tentés de la mordiller [1].

Et maintenant, Mesdames, que conclure? sinon que nos œuvres réussiront dans la mesure même où elles seront organisées. Sans doute l'organisation n'est pas tout, pas plus que le mécanisme n'est tout dans une machine, il y faut la vapeur, et il faut à nos œuvres le dévouement, beaucoup de dévouement. Sans doute encore il ne faut pas pousser cet esprit d'organisation à l'excès, mais viser au contraire à la simplicité. Cependant, disons-nous bien que sans ordre, sans méthode, une œuvre est vouée à l'insuccès.

1. On trouvera un grand choix de bulletins d'admission, cartes de présence, insignes de groupe, etc., au secrétariat du Guide des Patronages de Jeunes filles, 48, rue d'Assas, Paris (VIe).

Mesdames, quand fut déclarée la guerre de 1870, ce fut dans tout le pays un enthousiasme indescriptible. La France était sûre de son armée, fière surtout de ses troupes d'Afrique dont on se racontait les prouesses et dont les généraux étaient fêtés en héros à la cour des Tuileries... Et quelques semaines après, c'était la nouvelle stupéfiante des premiers revers, et bientôt l'humiliation de l'invasion et de la défaite. La stratégie prussienne avait triomphé de la vaillance française!

Mesdames, sur ce champ de bataille qu'est aujourd'hui plus que jamais l'œuvre des patronages, ayons la vaillance sans doute, c'est-à-dire le dévouement, l'esprit de foi et de piété, mais n'oublions pas qu'avec la grâce de Dieu, c'est la stratégie, c'est-à-dire la méthode, qui décide de la victoire.

TROISIÈME CONFÉRENCE

L'esprit du patronage.

Mesdames,

Au fur et à mesure que nous avançons dans notre tâche, le but de ces conférences se précise. Ce que nous voulons, c'est vous donner des indications pratiques, le plus pratiques possible, sur la direction de vos œuvres. Non pas que nous ayons l'ambition de tout dire, le temps nous ferait défaut, et puis les conditions et les besoins de vos œuvres sont si variés, qu'il est impossible de les envisager tous. Mais du moins dirons-nous l'essentiel, ce qu'il est nécessaire de savoir et encore plus de pratiquer si l'on veut, et vous le voulez toutes, Mesdames, qu'une œuvre prospère. Il est une idée surtout dont le développement a fait l'objet principal de la dernière conférence, et qui reviendra dans les autres comme une sorte de leit-motiv, c'est qu'une œuvre ne s'improvise pas, qu'il y faut de la méthode, une rigoureuse méthode, et aussi, que les directrices ne s'improvisent pas non plus. Je ne vous le cacherai pas, Mesdames, c'est la vue de tout le mal fait dans nos œuvres par l'illusion contraire qui nous a fait entreprendre ces conférences, et il me semble aussi que c'est la conviction que nous avons mis, pour ainsi dire, le doigt sur la plaie, qui leur vaut de votre part un si encourageant accueil.

Pour aujourd'hui, Mesdames, nous nous demanderons ce que doit être l'esprit du patronage.

L'esprit d'une œuvre, c'est l'ensemble des traits qui composent, pour ainsi dire, sa physionomie morale.

De même qu'il n'y a pas dans la nature deux fleurs qui se ressemblent, ni dans l'espèce humaine deux visages identiques, de même il n'y a pas deux œuvres qui aient absolument le même esprit.

Pourquoi cela? Parce que l'esprit d'une œuvre, sa physionomie morale est le résultat d'une foule de conditions qui varient d'une œuvre à l'autre : de ceux qui dirigent l'œuvre, de ceux qui la fréquentent, et d'autres circonstances encore.

Nous ne venons donc pas vous dire, Mesdames, qu'il faut que vos patronages aient tous le *même* esprit, ni vous proposer, ce qui serait absurde et parfaitement irréalisable, pour vous et vos enfants, une sorte d'uniforme moral, mais nous prétendons que visant toutes le même but, qui est l'éducation de la jeunesse populaire, obéissant toutes à la même inspiration, qui est l'inspiration chrétienne, vous devez arriver, en gardant d'ailleurs la liberté de votre initiative, en obéissant chacune à l'impulsion de votre tempérament propre, à réaliser en fin de compte dans vos œuvres un type moral, qui variera sans doute pour le détail d'une œuvre à l'autre, mais dont les lignes générales se retrouveront partout les mêmes. Ce sont ces *lignes générales* que nous voudrions esquisser aujourd'hui en répondant à cette question : Que doit être l'esprit du patronage?

Où devrons-nous, Mesdames, trouver cet esprit? Chez vos enfants qui en reçoivent l'empreinte, et chez vous, qui devez le leur communiquer.

Rechercher quel doit être l'esprit du patronage revient donc à nous demander quelles sont les qualités morales que vous devez principalement vous efforcer de développer chez vos enfants et vos jeunes filles, et par quels moyens vous arriverez à les développer.

Il faudrait que l'on pût reconnaître toutes les enfants de nos patronages à ces trois traits : des convictions inébranlables, une grande droiture et simplicité d'âme et l'esprit de dévouement; je voudrais voir de plus s'épanouir sur leur front, comme le reflet de leur vigoureuse santé morale, l'entrain et la gaieté.

I

Il faut d'abord, Mesdames, que vos enfants soient des enfants de conviction.

Je ne connais pas de fléau plus grave en notre malheureux pays qui souffre, hélas! de tant d'autres, que sa profonde ignorance religieuse. A quoi cela tient-il? Disons-le très nettement, à la négligence scandaleuse d'un grand nombre de ceux qui ont reçu dans l'Église mission d'enseigner, et surtout, comme pour tant de choses, au manque d'organisation et de méthode.

Ce sont les enfants du peuple qui ont le plus à souffrir de cette situation. Dans le peuple moins encore, peut-être, qu'ailleurs on comprend la nécessité d'un enseignement religieux solide. On se figure que quelques leçons hâtives de catéchisme avant la première communion suffisent pour la vie entière, quand encore on ne les trouve pas excessives. Pourquoi? Pour bien des raisons, sans doute, mais pour celle-ci notamment : On ne prend plus l'enseignement religieux au sérieux, parce que nous-mêmes nous ne le prenons pas ou plutôt nous ne le faisons pas prendre assez au sérieux.

Et c'est contre cela qu'il faut, Mesdames, d'accord avec le clergé, réagir tout d'abord. Il faut que nos enfants soient instruites, instruites non pas pour quelques jours, non pas d'un minimum de connaissances vite évanouies, mais pour leur vie entière, et d'une façon si sérieuse, si profonde, si parfaitement assimilée, que leur instruction religieuse forme corps pour ainsi dire avec leur âme, au point qu'il ne soit plus possible par la suite de l'en arracher.

Il y a quelques années, Mesdames, je faisais un voyage en Prusse rhénane, quand, dans la localité où j'étais descendu, vint à passer l'évêque auxiliaire de Cologne, Mgr Fischer, aujourd'hui archevêque de ce diocèse et cardinal. Très aimablement le distingué prélat, apprenant que j'étais un prêtre français désireux d'étudier la situation religieuse en Allemagne, m'invita à l'accompagner dans une petite paroisse des environs qu'il devait visiter.

Nous arrivons donc dans un bourg de huit à neuf cents âmes. Dans la petite église, sur le désir de l'évêque, on avait réuni les enfants des catéchismes. Il y en avait une quarantaine de tout âge, de six à quinze ans. Le bon curé, tout fier de présenter à Monseigneur son jeune troupeau, posa quelques questions de catéchisme qui obtinrent de brillantes réponses. Je me disais à part moi, que c'était là, sans doute, une mise en scène concertée d'avance entre le curé et ses enfants, quand l'évêque s'avisa de continuer lui-même l'interrogation. Le résultat fut merveilleux. Je me souviens encore avec précision, tant elles me frappèrent, de certaines réponses.

L'évêque demanda d'abord quel avait été l'évangile du dimanche précédent? Toutes les mains se levèrent : « Le huitième, » répondit une voix. — « Et qui pourra me réciter cet évangile? » Toutes les mains, sans exception, se levèrent encore. Cinq ou six des enfants récitèrent l'évangile sans une hésitation. L'évêque posa ensuite quelques questions de catéchisme, spécialement sur les sacrements. A un moment, il demanda en combien de groupes se divisent les sacrements. Je vois encore, tout juste devant moi, une petite fille qui certainement n'avait pas huit ans, lever le doigt : « En deux groupes, Monseigneur, les sacrements des morts et les sacrements des vivants... Les sacrements des morts sont ceux qui donnent ou rendent la vie de la grâce, les sacrements des vivants sont ceux qui l'augmentent dans les âmes qui l'ont déjà. — Et quels sont les sacrements des morts? — Il y en a deux, Monseigneur, le sacrement de baptême et celui de pénitence. Cependant, ajouta d'elle-même l'enfant, la pénitence est tantôt sacrement des morts et tantôt sacrement des vivants. — Et comment cela? — La pénitence est sacrement des morts pour ceux qui le reçoivent en état de péché mortel, et sacrement des vivants, pour ceux qui le reçoivent en état de péché véniel... »

J'étais dans l'admiration.

Sans doute, Mesdames, ceci n'est qu'un menu fait, mais souvent les menus faits en disent long sur l'état d'une société et les dispositions d'un peuple; sans doute encore le gouvernement allemand, quoique protestant, favorise cet état de choses, puisque tout enfant qui fréquente l'école, doit là-bas recevoir deux heures d'instruction religieuse par semaine, sans compter les répétitions données par l'instituteur. Mais c'est parce que les catholiques allemands ont lutté pour obtenir cet état de choses qu'ils y sont parvenus, et c'est parce qu'ils ont mis au premier rang de leurs préoccupations l'instruction religieuse de leurs enfants qu'ils sont devenus, en face des attaques du protestantisme, les chrétiens énergiques que l'on sait, qu'ils tiennent entre leurs mains, eux qui ne forment cependant que le tiers de la population allemande, les destinées de l'empire, et qu'ils font l'admiration du monde.

Eh bien! ce que les catholiques d'outre-Rhin ont fait sur le terrain du catéchisme, il faut que nous le fassions à notre tour. Notre situation est la même que la leur. Nous nous trouvons en face d'une conjuration formidable pour arracher la foi au cœur du peuple. Que faire pour la déjouer, pour regagner tout le terrain déjà perdu, pour assurer aux générations nouvelles des convictions solides? Une première chose d'abord : instruire sérieusement nos enfants.

Et ici le patronage peut rendre les plus signalés services.

Dans nos paroisses de faubourg, en particulier, où tout est à faire, où le nombre des enfants d'un seul catéchisme atteint jusqu'à quatre et cinq cents, nos prêtres sont débordés. C'est au patronage à leur venir en aide, à reprendre, à parfaire la tâche ébauchée au catéchisme, à s'assurer que les enfants ont bien compris l'enseignement donné, qu'ils se l'assimilent, qu'ils le font passer dans leurs actes.

Jadis c'était la famille qui assumait ce rôle, mais puisque aujourd'hui, par impuissance ou négligence, elle laisse au patronage ce rôle, il faut, Mesdames, que vous preniez conscience du devoir qui vous incombe de ce chef, et que ce que vous feriez pour vos propres enfants, vous le fassiez avec la même conviction, la même énergie, pour les chères âmes dont vous avez la responsabilité.

C'est à vous qu'il appartient, je crois l'avoir déjà dit, de faire la première éducation religieuse de vos enfants, d'éveiller en eux ces premiers sentiments de foi qui nous furent inculqués sur les genoux de nos mères, de leur apprendre leurs prières dès l'âge de six ans, de sept ans, d'initier leur jeune conscience à l'amour du bien et à la crainte du mal; c'est à vous qu'il appartient de former les enfants des catéchismes à la pratique des devoirs chrétiens. Il y a quantité de choses que le catéchisme n'enseigne pas, ou qu'il faut répéter après lui : la manière de se tenir à l'église, de suivre la messe, de se confesser, de faire le chemin de la croix... Et notez, Mesdames, qu'il faut que les enfants sachent ces choses, qu'ils les sachent si bien qu'ils arrivent à les faire d'eux-mêmes et qu'ils puissent les faire très bien toujours, jusqu'à la fin de leur vie. Je reste stupéfait, parfois, quand il m'arrive de voir une œuvre d'un peu près, par exemple à l'occasion d'une retraite ou de confessions, de constater chez des jeunes filles de quinze ans, de vingt ans, une ignorance déplorable des pratiques essentielles de la vie chrétienne.

A quoi cela tient-il? A ce que, pour admettre les enfants à la première communion, on s'est contenté de quelques vagues notions religieuses qu'au lendemain de la première communion on n'a pas pris la peine de compléter.

Après la première communion, ce devoir d'instruire vos enfants, deviendra plus urgent encore. Trop souvent nos catéchismes de persévérance sont organisés de façon déplorable; on y reçoit confondus des enfants du peuple et des enfants des classes aisées, des enfants de douze ans et des jeunes filles de dix-huit ans, on y suit des programmes de quatre, de cinq ans, on y enseigne trop de choses parmi lesquelles l'essentiel est noyé. En général, l'enseignement dépasse la portée des enfants.

Ce que je voudrais, selon le vœu qui a été formé au récent congrès des Patronages [1], c'est qu'il y eût partout deux catéchismes de persévé-

1. Congrès de 1903.

rance : l'un élémentaire pour les enfants de douze à quatorze ans, l'autre supérieur pour les jeunes filles plus âgées, ou du moins plus instruites.

En tous les cas, et ceci peut se faire au patronage, veillons à ce que nos persévérantes gardent l'intelligence et la mémoire des vérités essentielles, qu'elles les approfondissent même, à mesure qu'elles grandissent, et surtout qu'elles les vivent.

N'y aurait-il pas lieu de faire plus encore, d'organiser pour nos grandes un enseignement spécial, qui les prépare à lutter victorieusement contre les assauts livrés à leurs croyances, qui leur mette en main des armes, non seulement pour se défendre, mais pour prendre vigoureusement l'offensive; n'y aurait-il pas lieu, sous une forme ou sous une autre : simples causeries, enseignement ex-professo, cercles d'études, de former des apôtres, et de les armer de pied en cap, pour les jeter ensuite dans la mêlée populaire, avec mission d'y défendre et d'y faire triompher la vérité?

Oui, sans doute, et nous voudrions avoir plus de temps pour développer cette idée. Ce qu'il faut retenir du moins, c'est la nécessité d'instruire les enfants le mieux possible, dès leur plus jeune âge, de mettre une solide instruction à la base même de leur foi, en insistant et en revenant sans cesse sur les vérités et les pratiques dont elles ont le plus besoin pour le maintien de leur vie chrétienne.

Mais, si importante, si indispensable qu'elle soit, une solide instruction religieuse ne suffit pas à assurer à nos enfants de fortes convictions, il faut, ainsi que je viens de le dire, les leur faire vivre, en faire entrer en quelque sorte la pratique dans leur existence de tous les jours.

Ici encore nous ne saurions tout dire, et il faut nous borner à l'essentiel.

Efforçons-nous donc de leur présenter toujours la religion par son côté grand, élevé, intelligent. Qu'elles sachent que le catholicisme n'est pas seulement un ensemble de pratiques à accomplir à de certains jours, à de certaines heures de la vie, mais qu'il est cette vie même, qu'il en donne la clef, qu'il doit l'animer tout entière de son souffle.

Et alors revenons sans cesse sur ces grandes vérités, que quelque chose passe avant les pratiques extérieures, avant la messe, avant la fréquentation des sacrements, c'est de faire son devoir, de se rendre meilleur, d'accomplir sur soi-même au prix de la lutte, du sacrifice, ce progrès moral, cette ascension constante vers Dieu qui est le but même de la vie; que Dieu veut sans doute nous aider à atteindre ce but, qu'il veut la prière, qu'il veut les sacrements qui nous procurent sa grâce, mais aussi qu'il réclame dans l'œuvre de notre salut notre part d'activité personnelle, la contribution de notre effort.

Et puis demandons beaucoup à nos enfants. Elles sont naturellement généreuses. C'est un fait psychologique autant qu'un fait d'expérience qu'elles s'attachent à leur foi et à leurs devoirs dans la mesure où pour eux elles ont lutté et souffert. Demandons-leur d'autant plus d'efforts qu'elles rencontreront plus tard plus d'obstacles à l'accomplissement de leurs devoirs, et que, si elles ne sont pas capables de les accomplir maintenant avec l'énergie et la générosité de leurs quinze et de leurs vingt ans, elles les négligeront complètement dans la suite.

Travaillons surtout, en matière religieuse d'abord, à développer chez elles l'initiative, la personnalité. Il y a trop de moutons, trop de nonvaleurs dans nos œuvres; il y faut non la caricature, mais la réalité du christianisme, au sens le plus élevé du mot.

II

Avec des convictions fortes, la seconde qualité à cultiver chez nos jeunes filles, c'est la droiture.

Non pas que nos enfants ne soient naturellement droites : les parisiennes le sont ordinairement. Mais le culte de la vérité est une si grande et si belle chose; il rapproche tellement de Dieu, il met dans la vie tant de noblesse et de force que je n'hésite pas à le mettre au premier rang des vertus que nous devons nous efforcer le plus de développer chez nos enfants.

Inspirons-leur donc dès le jeune âge l'horreur

du mensonge. Je sais bien qu'un enfant ne peut se rendre compte autant qu'une grande personne de la bassesse de ce vice. Mais c'est à nous à la lui faire comprendre, à la souligner même, s'il le faut, par une sanction sévère. Il y a certaines fautes dont l'enfant ne peut saisir toute la portée, mais dont il importe tellement de le détourner qu'il soit averti de leur gravité par la sévérité même de notre réprimande.

En général, Mesdames, inspirons à nos enfants une grande fierté d'âme et le mépris de ce qui est mesquin et bas.

Ainsi, pour rien au monde, ne tolérons la délation, ce serait nous diminuer nous-mêmes ; pas plus les petits potins et les racontars. C'est le propre des petits esprits, et il ne faut pas que nos enfants soient de petits esprits, il ne faut pas que l'on puisse accréditer cette opinion que c'est chez les catholiques que se trouvent les sots et les mauvaises langues, il faut surtout que nos enfants se souviennent plus tard, pour leur gouverne personnelle, qu'après le vice, ce que leur directrice détestait le plus, c'était la sottise et les bavardages.

Plus tard quand l'enfant a grandi, quand elle est devenue jeune fille, ce n'est pas tant le mensonge qui met chez elle la droiture en péril que le défaut de simplicité.

Que de fois l'avez-vous rencontrée, Mesdames, la jeune fille qui n'est pas simple. Au lieu de parler, d'agir droit devant elle, elle arrange son attitude, elle mesure ses paroles... Est-ce timidité, dissimulation, préoccupation d'elle-même? Peut-être y a-t-il de tout cela, mais soyez persuadées que nous nous trouvons là en présence d'un des plus grands obstacles au progrès de nos enfants.

Que voulez-vous faire d'une jeune fille qui n'est pas simple, comment pénétrer cette âme qui ne veut pas se laisser pénétrer, comment gagner sa confiance, quand elle croirait déchoir en paraissant nous la donner?

Et cependant, Mesdames, il y a un remède, et le voici :

Dites-vous bien que si vos jeunes filles ne sont pas simples — je parle des jeunes filles que vous avez élevées vous-mêmes dans votre œuvre — c'est votre faute.

C'est votre faute, car il ne tenait qu'à vous de leur enlever l'envie de se donner de grands airs, en les traitant toujours en enfants, en ne vous faisant pas les servantes de leurs caprices, et en les obligeant d'aller droit à vous, parce que vous allez toujours droit à elles.

Le jour où, comme une mère de famille qui ne distingue pas entre petites et grandes, vous donnerez à toutes vos enfants même place dans votre cœur, même importance dans votre œuvre, vous n'aurez plus à craindre le manque de simplicité. Vos jeunes filles seront trop heureuses d'être traitées comme vos enfants pour songer à réclamer des égards particuliers.

Et alors tout sera pour le mieux, la confiance et l'affection réciproques en seront accrues, car il y aura des deux côtés plus de vérité et d'abandon.

Il faut, en troisième lieu, Mesdames, que vos enfants soient dévouées. Le dévouement, il est vrai, est chose rare aujourd'hui. Mais il sommeille au cœur de toute jeune fille, et c'est à vous de l'y éveiller, à vous qui savez par une noble et douce expérience tout ce qu'il apporte à l'âme de force et de bonheur.

Une femme, d'ailleurs, vaut surtout par là : se donner, se dévouer sans cesse pour les autres, pour ses proches, c'est sa vie. Si donc vous voulez faire œuvre d'éducation complète, si vous voulez faire de ces enfants des épouses et des mères qui feront honneur au catholicisme, la source la plus féconde de dévouement, il faut leur inculquer de bonne heure cette habitude du don d'elles-mêmes.

Je dis de bonne heure, Mesdames, car le dévouement n'est point le fait seulement des grandes jeunes filles, il peut et il doit s'apprendre même aux petites.

Vous avez remarqué que les enfants, qui sont naturellement généreux, aiment beaucoup à rendre service. Question d'amour-propre peut-être, mais aussi et surtout question de cœur. Eh bien, Mesdames, pourquoi n'auriez-vous pas plus souvent recours à cette disposition pour former vos enfants au dévouement?

J'ai vu des enfants de neuf ans surveiller gravement des compagnes de huit, et celles-ci, avec cette merveilleuse facilité qu'ont les jeunes filles à s'adapter à un rôle, jouer non moins sérieusement celui de surveillées. J'ai vu, je vois tous les jours des enfants du même âge, ou un peu plus grandes, nous amener, *nous apporter*, comme elles disent, de leurs compagnes au patronage, distribuer des lettres de convocation, voire même faire réciter leurs prières à leurs compagnes plus petites. Elles se chargeraient au besoin de faire réciter le catéchisme, mais ceci est plus dangereux. En tous les cas, ce n'est pas la bonne volonté qui leur manque, et c'est cette bonne volonté, ce besoin très réel de dévouement qu'il s'agit de développer.

L'important est de le développer au fur et à mesure que les enfants grandissent. On nous fait parfois cette réponse quand nous conseillons d'utiliser les grandes : Nous ne pouvons pas les employer, elles ne sont pas assez dévouées. Mais pourquoi ne le sont-elles pas sinon parce qu'on laisse s'atrophier en elles cette fibre du dévouement qui ne demande qu'à se développer? Sans compter qu'on se prive d'auxiliaires précieuses, on néglige de cultiver chez l'enfant cette faculté d'initiative qui manque, hélas! de nos jours, à tant de gens, à tant de catholiques, et on trahit ainsi son devoir d'éducateur.

III

Enfin, Mesdames, il faut que le patronage soit le séjour de la gaieté et de l'entrain. Où donc serait la gaieté, si elle ne s'épanouissait sur le front de vos enfants et de vos jeunes filles? Un patronage sans gaieté est une œuvre stérile. Les enfants la fuient, il n'y reste que ces natures molles, sans vie, sans ressort, qui peuvent encore donner l'illusion d'une œuvre, mais en détournant d'elle les vrais éléments de vie.

Aussi, Mesdames, faut-il multiplier nos efforts pour répandre au patronage la gaieté, la franche gaieté. A ce point de vue le chapitre des récréations est assurément l'un de ceux qui méritent le plus notre attention, nous y reviendrons longuement à propos des attraits du patronage. Là encore il est nécessaire d'organiser et de prévoir.

Pour aujourd'hui, laissez-moi vous demander d'obliger vos enfants, même vos grandes, à jouer, de multiplier les rondes et courses au grand air; de tenir surtout aux jeux d'ensemble, qui groupent le plus d'enfants possible. Soyez indulgentes aux bons diables, ils sont précieux et rarement dangereux. Les quelques tourments qu'ils vous donneront seront vite compensés par la vie et l'entrain qu'ils apporteront à votre œuvre.

Vive la gaieté dans nos œuvres, Mesdames! Elle contribuera dès maintenant à leur succès, elle vous aidera à faire plus tard des femmes et des apôtres, qui disposeront en plus de leur zèle, de leur générosité, de ce moyen d'action si puissant, en France surtout, et si naturel à une femme : l'amabilité et la gaieté.

Élevez-nous donc, Mesdames, des jeunes filles aux convictions fortes, à l'âme droite et simple, au cœur d'or, à la gaieté exubérante, formez-nous des catholiques au vrai sens du mot. L'âme française, toute pétrie de catholicisme, est ardente et généreuse, passionnée de droiture et de vérité, gaie et spirituelle. En l'arrachant au catholicisme, on cherche à la déformer et à l'amoindrir. Ceci vous ne le souffrirez pas et puisque vous tenez dans vos mains l'avenir des générations futures, vous voudrez sauver dans l'âme de vos enfants l'esprit catholique et l'esprit national.

QUATRIÈME CONFÉRENCE

Comment garder et faire agir les grandes?

MESDAMES,

Avoir des grandes, garder ses grandes, c'est le rêve, l'ambition de toute directrice.

C'est qu'en effet l'œuvre du patronage n'est pas faite, ou du moins entièrement faite, tant que l'enfant n'y a pas reçu une formation, une éducation complète.

De même que dans une famille cette éducation n'est pas achevée à treize ou quinze ans, de même faut-il, pour que le patronage exerce sur une jeune fille une action décisive, qu'il ne l'abandonne qu'à l'entrée de la vie.

Je sais bien que, dans la réalité, il n'en va pas toujours ainsi. Même dans les œuvres les plus prospères, le nombre est grand des enfants qui nous quittent au lendemain de leur première communion, ou dès leur entrée en apprentissage. De l'instruction religieuse qu'elles reçurent, des bons avis qui leur furent donnés, elles ne perdront, sans doute, pas tout. Mais combien léger est le viatique qu'elles emportent, et combien insuffisant pour assurer la persévérance de toute une vie !

Toujours est-il que l'œuvre du patronage, telle que nous la concevons, telle que vous la concevez, Mesdames, a une portée beaucoup plus grande, et que nous devons viser à garder nos jeunes filles le plus longtemps possible, jusqu'au jour où elles sortiront de nos mains, armées de toutes pièces pour affronter les combats de la vie.

Car il est bien entendu que c'est pour les armer en vue de l'avenir, pour développer de jour en jour toutes les énergies de leur nature et en faire des êtres d'initiative et de volonté, à la personnalité fortement accusée, que vous voulez les retenir auprès de vous.

Il vous faut donc des grandes, mais de vraies grandes, non de ces natures amorphes, sans vie ni consistance, sans élan comme sans passion, incapables de vertu vraie comme de grands vices ; natures médiocres, en somme, et dont la présence trop multipliée dans nos patronages les marquerait d'une note d'odieuse insignifiance.

Ce que nous voulons former, par ce temps de veulerie générale, ce sont des volontés, des caractères, des apôtres ; c'est une élite jetée dans la grande masse comme le levain qui fait lever la pâte ; ce sera une minorité, sans doute, de chrétiennes, mais une de ces minorités qui, fortement organisées et sachant ce qu'elles veulent, finissent par faire leur trouée et par l'emporter.

Ne cherchons donc pas le nombre, Mesdames, la manie, la hantise du nombre est funeste à nos œuvres; cherchons plutôt à grouper autour de nous une élite intelligente, dévouée, combative. Cette élite constituée, le nombre, je vous l'assure, l'expérience est là qui le prouve, vous viendra par surcroît.

Comment donc arriver à former ce groupe compact, solide de jeunes filles, à avoir de vraies grandes et à les retenir autour de soi?

Mesdames, à la condition que vos jeunes filles se plaisent au patronage, et qu'elles s'y dévouent.

Nous aurons bientôt l'occasion de parler plus longuement des attraits du patronage pour toutes nos enfants, en général; nous avons déjà dit, d'autre part, que nos œuvres doivent être le séjour de l'entrain et de la joie.

Ce que nous voulons noter ici, c'est que si toutes nos enfants ont besoin de gaieté et d'entrain, nos grandes surtout doivent y être excitées et encouragées.

Or, l'on se trompe bien souvent sur les distractions qui conviennent à nos grandes jeunes filles. On croit trop volontiers que, parvenues à un certain âge, à seize, à dix-huit ans, les jeux, j'entends les grands jeux sur la cour, ne les intéressent plus guère, et on s'évertue, vainement d'ailleurs, à leur procurer des délassements plus en harmonie avec leur qualité de grandes personnes.

Mesdames, je dis qu'en cela on se trompe, et voici pourquoi. Nos grandes jeunes filles ont besoin, presque autant que leurs petites compagnes, de détente physique. Enfermées toute la semaine dans l'atmosphère malsaine de leur atelier ou de leur magasin, elles ont besoin d'air et surtout de mouvement, d'exercice qui brisent la tension nerveuse et assouplissent les membres en les faisant agir. Je sais bien qu'elles n'en conviennent pas toujours elles-mêmes et que, si vous les laissiez faire, elles préféreraient, dans les débuts du moins, aller s'asseoir sur quelque banc, à l'écart, et tuer le temps à deviser entre elles.

Que de fois j'ai vu de nos Parisiennes, nouvelles venues dans l'œuvre, faire leur entrée solennelle sur la cour, le chapeau empanaché et tenant leur ombrelle du bout de leurs doigts gantés, regarder effarées les rondes rapides et les courses échevelées de nos anciennes de dix-huit et de vingt ans. Ce fut de l'étonnement d'abord, puis entraînées par l'exemple, ou un appel aimable, elles s'y mirent, et aujourd'hui elles ne céderaient pour rien au monde une partie de barres ou de gendarmes.

Et ne croyez pas, Mesdames, que ce soient là jeux bruyants, bons peut-être pour nos sauvages des faubourgs, mais où ne sauraient s'abaisser ces demoiselles du quartier de l'Europe ou de

Chaillot. Je suis convaincu que les unes et les autres y trouveraient tout autant de plaisir et qu'il suffirait seulement de les y encourager.

Ici je pourrais invoquer le souvenir de telle retraite, exclusivement destinée aux grandes et où se rencontraient plusieurs patronages. Les dames qui dirigent ces retraites pourraient vous dire quelle différence radicale, saisissante, il y a, tout à l'avantage des premiers, entre les patronages où l'on joue et ceux où l'on ne joue pas; elles pourraient ajouter que les premiers ont vite fait, d'ailleurs, d'entraîner les seconds, et que ce n'est pas un des plus minces résultats de la retraite que de propager au retour dans nos œuvres l'ardeur au jeu.

Efforcez-vous donc, Mesdames, d'entraîner au jeu toutes vos enfants, y compris les plus grandes, de les y contraindre même, en brisant au besoin les résistances de quelques mauvais esprits, et vous verrez qu'au bout de très peu de temps, votre patronage aura changé d'aspect, que la joie s'y sera répandue et que vos grandes elles-mêmes, vos grandes surtout, s'y attacheront davantage.

Mais le jeu n'est pas la seule attraction dont nous disposions pour retenir nos grandes jeunes filles.

Il y a le chant. Le chant plaît toujours aux jeunes filles, surtout aux Parisiennes. On peut dire que celles-ci sont nées musiciennes. Elles ont la mémoire des sons et chantent ordinairement juste. Ce sont des dispositions à exploiter. Pourquoi dans chacun de nos patronages, si modeste soit-il, n'établirait-on pas une chorale? Un harmonium, un piano sont vite trouvés. Peut-être n'aura-t-on pas aussi facilement sous la main une maîtresse de chant. Mais il n'est pas nécessaire d'avoir un professeur du Conservatoire, et il est peu d'œuvres où il n'y ait dans le personnel dirigeant quelque dame capable d'en tenir lieu.

Il vous faut donc, Mesdames, une *chorale,* une chorale où vos jeunes filles s'exerceront au chant religieux, où elles prépareront, si vous disposez d'une chapelle, ou que vous ayez des réunions spéciales à l'église, de beaux saluts, de beaux cantiques, voire même des messes en musique; une chorale où on fera aussi de la musique profane... Que nous serions forts si nous avions à nous, dans chaque atelier, un de ces gais pinsons dont la jolie voix ferait taire la chanson licencieuse; que de bien accompli jusque dans les familles où, trop souvent aujourd'hui, l'invité, « prié de chanter quelque chose », fait applaudir, au détour d'un couplet, l'odieuse équivoque de café-concert. *L'apostolat par la chanson,* quel joli mot d'ordre, Mesdames, à donner à vos enfants.

Il y a encore pour les retenir au patronage, et dans le même ordre d'idées, la préparation des séances récréatives, des pièces à jouer, des poésies à dire. Nous reviendrons d'ailleurs sur ce sujet trop important pour n'être qu'effleuré en passant. Nous voulons seulement pour aujourd'hui indiquer tout le parti que l'on peut tirer de ces répétitions de séances pour tenir nos grandes en haleine, et les mettre sans cesse en quête, sous notre contrôle bien entendu, de pièces nouvelles et de morceaux intéressants.

Il y a encore les lectures, mais ici entendons-nous bien. Il ne s'agit pas de ces lectures insipides, vies de saints de troisième ordre, romans édulcorés, niaiseries de toutes sortes qui passent de bibliothèque en bibliothèque, comme de mains en mains les bibelots inutiles dont on ne sait que faire. Il s'agit de lectures sérieuses, intelligentes, intéressantes qui, graves ou gaies, élèvent le cœur et l'esprit. La formation, l'entretien d'une bonne bibliothèque doit être le grand souci d'une directrice. Je n'ai pas à vous apprendre, Mesdames, les ravages faits dans la jeunesse par les mauvaises lectures. Puisque vos enfants liront quand même (et jusqu'à un certain point elles ne sont pas à blâmer), il faut leur préparer l'antidote efficace et ne pas oublier qu'un bon livre doit être *trois fois intéressant* pour lutter contre l'attrait du livre mauvais. Gardons-nous, d'ailleurs, dans cette question, de ne nous placer qu'au point de vue strictement moral. A côté du livre immoral, à proprement parler, et en beaucoup plus grand nombre, on rencontre dans nos bibliothèques scolaires, dans nos bibliothèques municipales, ouvertes, ne l'oublions pas, aux enfants de seize ans, le livre nettement antireligieux, ou le livre neutre. Souvent il est bien fait. Les nôtres, ceux que nous donnons à nos jeunes filles pour les détourner du fruit défendu, le sont-ils toujours autant?

Bien entendu, Mesdames, il n'est pas question de lectures à autoriser dans l'enceinte même du patronage. Nous avons mieux à faire que de laisser nos jeunes filles, même les grandes, s'étioler dans une salle, les coudes au-dessus d'un livre. Nos enfants viennent au patronage pour y jouer, y recevoir nos avis, y renouveler leurs forces physiques et morales, et non pour y former un club de lecture.

Nous pourrions étendre encore ce chapitre des distractions à offrir à nos grandes, mais nous nous laisserions entraîner trop loin.

Je préfère, Mesdames, appeler votre attention sur un point capital. Si vous voulez retenir vos jeunes filles au patronage, les y attacher par le plus fort des liens, faites qu'elles s'y *dévouent.*

Ici, je vais, je le sens, demander à quelques-unes d'entre vous un grand acte de foi. Il en est qui ne croient pas assez à ces réserves de dévouement qui sont au cœur de leurs enfants. Habituées à se dévouer pour elles et à leur place, à leur supprimer tout effort, à ne se reposer pour l'exercice des moindres fonctions que sur leurs dames auxiliaires, la pensée ne leur vient pas que de ces enfants qui sont là autour d'elles, dociles, passives, indifférentes même en apparence, un peu de confiance suffirait à faire des aides précieuses et parfois de vraies apôtres.

Mesdames, pourquoi cette hésitation et cette défiance? Vous me dites que vous connaissez vos enfants, qu'elles sont incapables du dévouement dont je parle. Qu'en savez-vous? Les avez-vous mises à l'épreuve?

Et si vraiment vos grandes ne sont pas assez dévouées, à qui la faute? N'est-ce pas que vous avez négligé de les habituer, dès le jeune âge, à vous rendre service, à prendre soin de leurs compagnes, à considérer le patronage comme leur œuvre autant que la vôtre?

Mais soit, je veux bien qu'en réalité vous leur accordiez quelque confiance. Jusqu'où va-t-elle? Sans doute vous les jugez aptes à faire le ménage du patronage, à pointer les présences, à garder les toutes petites. Ce sont là des charges qui ne sont pas à dédaigner, car rien n'est petit en matière de dévouement, surtout quand on agit pour Dieu. Mais pourquoi n'allez-vous pas plus loin, pourquoi ne formeriez-vous pas parmi vos jeunes filles une élite destinée, non pas seulement à vous rendre ces petits services matériels, mais à assumer les charges morales de votre œuvre, à partager dans une certaine mesure, dans la plus large mesure possible, les joies et jusqu'au souci de votre apostolat?

Ne serait-ce pas, Mesdames, que décidément vous ne les en croyez pas capables, que vous vous défiez non de leur bonne volonté, mais de leurs moyens, de leur intelligence, de leur tact, de leur constance ; ne serait-ce pas enfin qu'il y a chez vous cette arrière-pensée irréductible que de petites ouvrières n'auront jamais, même les meilleures d'entre elles, les qualités requises pour vous aider dans la direction de votre œuvre ?

Mesdames, j'ai devant moi plus qu'une erreur, un préjugé... Les erreurs se combattent avec des arguments, le préjugé cédera peut-être devant les faits.

Je connais une directrice qui, lorsqu'elle voulut jadis fonder un patronage dans un faubourg perdu, sans relations et presque sans ressources, se trouva seule en face de son œuvre. Personne n'avait voulu aller l'aider. Que fit-elle? Elle se servit de ses enfants. Elle jeta son dévolu sur quelques grandes à qui elle sut communiquer son ardeur et sa foi. Ses enfants la comprirent, lui surent gré d'avoir confiance en elles, et l'en récompensèrent en l'entourant de la plus belle phalange d'auxiliaires qu'une directrice puisse rêver... Il y a quinze ans de cela, et la méthode que la nécessité imposa à la jeune apôtre lui réussit si bien qu'elle n'en voulut pas d'autre. Aujourd'hui encore, si vous veniez quelque dimanche dans son œuvre, vous la verriez entourée de ses grandes, d'autres grandes qui lui prodiguent même affection et même aveugle dévouement que leurs aînées. Son patronage est d'ailleurs l'un des plus prospères. Il comptait au début quatre-vingts enfants, il en a maintenant plus de trois cents. Le nombre lui est venu parce qu'on s'est attaché d'abord à y former l'élite.

On pourrait citer d'autres exemples, tous aboutissant à cette conclusion, qu'il est relativement facile de trouver parmi nos jeunes filles des dévouements et des concours qui peuvent rivaliser avec les meilleurs et que c'est dans la mesure où on sait les intéresser, les faire participer à l'œuvre même du patronage qu'elles y restent fidèles.

Et qu'on ne dise pas que ceci est spécial à certains quartiers. A ce point de vue, tous les quartiers se valent, ou à peu près. Entre les jeunes filles de Passy et celles de la Villette, considérées en masse, il peut y avoir des différences de surface ; mais soyez sûres qu'il y a chez les unes comme chez les autres mêmes ressources morales et même besoin de dévouement. Le tout est de savoir les reconnaître et en tirer parti.

Cette confiance accordée à vos grandes ne vous empêchera pas, Mesdames, de les traiter avec la plus grande simplicité. Quel que soit leur âge, elles sont et demeurent vos enfants. Elles s'en estimeront d'ailleurs heureuses ; elles ne demandent qu'une place au foyer de famille, une place de confiance sans doute, celle qui revient aux aînées, mais non des égards. Ce serait se tromper grandement, ce serait ouvrir la porte au mauvais esprit et à toutes ses conséquences, que de flatter chez elles la vanité et de se faire le serviteur de leurs caprices et de leurs exigences. Une mère ne fait pas de ces distinctions entre ses enfants grands ou petits. Mesdames, il faut aimer et diriger vos jeunes filles avec la tendresse et l'autorité d'une mère.

Est-ce à dire que vous n'aurez pas le droit de donner le meilleur de votre cœur et de votre sollicitude à vos aînées? Mais oui, assurément. Tant de liens se sont formés entre vous depuis que vous les avez accueillies tout enfants; pour elles vous avez tant lutté, tant prié, tant souffert peut-être. Et puis quel attrait irrésistible l'âme d'une jeune fille exerce sur le cœur d'une apôtre! L'enfant a son charme, son très grand charme sans doute. Mais l'enfant est encore trop loin de l'avenir, de la vie qui l'attend; la jeune fille y touche, y est déjà mêlée. L'enfant ne sait pas combien il est aimé, la jeune fille le sait, et son cœur s'ouvre spontanément, avec toutes ses richesses, à qui lui veut du bien. Et que de trésors il renferme : aspirations généreuses, fierté morale, sensibilité exquise, sources profondes de dévouement et de bonté, que de trésors à mettre en valeur, et d'autant plus aimables que plus menacés par les lâchetés, les turpitudes, les égoïsmes du dehors.

Aimez donc vos jeunes filles, Mesdames, et que votre affection soit, avec le dévouement que vous leur demanderez, le lien le plus fort qui les attache à vos œuvres. Mais aimez-les fortement, chrétiennement; point de cette mièvrerie, de cette fausse sentimentalité, toujours stériles pour le bien quand elles ne lui sont pas funestes; aimez-les toutes également ou plutôt que votre prédilection pour les meilleures, qui est légitime, ne s'affiche pas publiquement en semant la jalousie.

Une directrice me demandait un jour le moyen de détruire ce terrible fléau de la jalousie parmi ses grandes : « Mademoiselle, lui répondis-je, soyez moins partiale et aimez-les mieux. »

Ne forcez pas non plus, Mesdames, la confiance de vos jeunes filles. Elle vous viendra d'autant plus sûrement que vous ne paraîtrez pas la solliciter... Respectez surtout le secret de leur conscience. La conscience est un sanctuaire intime où Dieu seul a le droit de pénétrer. Le prêtre lui-même ne le fait qu'en tremblant, et encore n'est-ce qu'au nom du Maître des âmes et sans jamais briser la porte. Dieu nous garde des directrices confesseurs !

Mesdames, pour exercer sur vos grandes une action décisive, pour les entraîner au dévouement, pour susciter parmi elles une élite, il vous faudra nécessairement les grouper. Je crois beaucoup, comme tout le monde, à l'action individuelle, je l'estime même indispensable, mais à une condition, c'est qu'elle ne fasse pas négliger l'autre. L'œuvre du patronage, en effet, doit être organisée de telle sorte, ses moyens d'action générale si bien conçus, si bien combinés et gradués, qu'ils concourent pour une large part, pour la plus large part à l'éducation, à la formation complète de nos jeunes filles.

Comment donc grouperez-vous vos grandes? Ai-je besoin, Mesdames, de vous l'apprendre? Vous avez dans toutes vos œuvres, sous un vocable ou sous un autre, des congrégations formées des meilleures de vos jeunes filles : congrégations d'Enfants de Marie, du Sacré-Cœur, etc., etc. Il y aurait beaucoup à dire des congrégations de nos patronages et nous reviendrons sans doute, un jour, sur ce sujet. Mais ce que je veux souligner aujourd'hui, c'est moins le nom et le cadre qui conviennent à ces congrégations que l'esprit dans lequel elles doivent être conçues.

Il faut (je ne parle ici, bien entendu, que des congrégations qui réunissent nos grandes jeunes filles) qu'elles ne soient pas une prime à l'ancienneté, ou à la vanité, mais qu'elles recrutent vraiment l'élite; qu'elles soient non pas de petites réunions de piété plus ou moins insignifiantes, mais aux mains d'une directrice zélée, intelligente, une véritable école de formation morale et apostolique. C'est donc ici, surtout, qu'il faudra viser, non au nombre, mais à la qualité des sujets.

Pourquoi, Mesdames, au-dessus des congrégations banales, ouvertes à toutes les bonnes volontés, même au-dessus de la congrégation des Enfants de Marie, n'auriez-vous pas un groupe choisi, composé seulement de quelques jeunes filles qui offriraient toutes les garanties d'âge, de jugement et de zèle pour vous aider dans votre apostolat?

Ce groupe d'élite est établi d'ailleurs officiellement dans un certain nombre de nos patronages. C'est l'Association de Notre-Dame du Bon-Conseil, dont le siège central est à l'archevêché de Paris. Rien ne vous coûterait, si vous disposez d'éléments suffisants, de former chez vous un groupement du Bon-Conseil.

Mais, encore une fois, c'est moins le cadre que l'esprit de ces groupements qui importe. L'essentiel est que vous en ayez un et qu'il soit bien constitué.

Avec un tel levier à votre disposition, quel bien vous pouvez faire dans votre œuvre, et quel bien surtout à vos jeunes filles elles-mêmes! Elles vous secondent en tout et partout; elles sont entre vos mains des instruments dociles, mais conscients, intelligents, dévoués; elles ont votre confiance comme vous avez la leur; vous partagez avec elles vos joies, vos peines, vos projets, les faisant entrer sincèrement, largement dans la direction de votre œuvre, qui n'est plus seulement vôtre, mais qui est leur.

Mesdames, croyez-moi, ce n'est pas un beau rêve que je forme, une chimère que je poursuis, c'est une réalité que j'ai eue sous les yeux, et si je vous parle avec cette conviction, c'est que je crois qu'il est possible de la transplanter ailleurs.

Ayez donc confiance en vos jeunes filles, faites-les *agir* de toutes façons, demandez beaucoup à leur générosité, à leur dévouement, intéressez-les à votre œuvre au sens étymologique du mot, c'est-à-dire en les y faisant pleinement entrer, et vous les garderez à vous d'abord et surtout à Dieu.

CINQUIÈME CONFÉRENCE

Les attraits du patronage.

MESDAMES,

Les enfants ont une manière à eux de juger de la prospérité d'une œuvre. Pour eux, tout se réduit à cette question : s'y amuse-t-on ou s'y ennuie-t-on? Si l'on s'amuse au patronage, ils y accourent; si on s'y ennuie, ils le fuient.

Après tout, les enfants ont raison. Puisque nous voulons les attirer pour leur faire du bien, il est tout indiqué que nous ne commencions pas par leur faire grise mine, et que nous multipliions au contraire les moyens de leur rendre nos œuvres agréables et de les y retenir.

Aussi la question des attraits du patronage est-elle l'une des plus importantes que nous ayons à traiter au cours de ces conférences.

Plus que jamais, car ici particulièrement le sujet le demande, nous nous efforcerons d'entrer dans les détails pratiques. Mais il nous paraît utile de nous entendre au préalable sur quelques principes généraux.

Rappelons d'abord que, si nécessaires que soient les attraits dans une œuvre, ils ne doivent pas prendre la place de l'œuvre même. Nous ne réunissons pas nos enfants uniquement pour les amuser, notre but est plus élevé, et ce serait tomber dans un excès fâcheux que de multiplier à ce point les récréations et les divertissements, que nous en oubliions le but à poursuivre, c'est-à-dire la formation morale et chrétienne de notre jeunesse.

Aussi bien, à vouloir ne la retenir que par le plaisir, ferions-nous fausse route. Il nous serait impossible, en effet, de lutter sur ce terrain avec la concurrence extérieure. Tant d'attraits appellent nos enfants au dehors. Au seul point de vue du plaisir, ce ne sont ni nos jeux, ni nos promenades, ni même nos séances récréatives qui peuvent soutenir la comparaison avec ce que le monde leur offre aujourd'hui à si bon compte, surtout si l'on songe à la puissance d'attraction du fruit défendu.

N'oublions pas non plus que l'habitude gâte les meilleures choses, que telle distraction dont la rareté fait le prix, perd de sa saveur quand on la multiplie, et que l'enfant se blase vite sur les plaisirs qu'on lui offre quand ils deviennent pour lui l'ordinaire.

Voilà pourquoi les œuvres fondées uniquement

sur l'attrait du plaisir ne réussiront jamais, pas plus que celles fondées sur l'intérêt. Nous avons eu déjà l'occasion de dire ce que nous pensions des patronages bureaux de bienfaisance, et de la manie, incurable, hélas ! chez certains esprits, de confondre nos œuvres de jeunesse avec des œuvres de charité.

Laissons donc ceux qui rejettent l'idéal qui nous inspire recourir à ces faciles et stériles moyens de propagande, avec d'autant moins de mérite d'ailleurs qu'ils paient avec les deniers des contribuables. Ils ne retiennent leurs recrues qu'autant qu'ils donnent et pour le temps qu'ils donnent. Retenons les nôtres par le lien plus durable de ce qui fait le charme et le prix de nos œuvres : la douce chaleur du foyer de famille, où se rencontrent le dévouement mutuel, l'émulation pour le bien, la gaieté expansive des enfants de Dieu.

Ce sont là des attraits de qualité supérieure. Toutefois il n'en sera pas question dans cette conférence sur les attraits du patronage. Nous n'avons en vue, sous ce titre, que les moyens dont nous disposons, en dehors des attraits purement moraux, pour attirer et retenir les enfants au patronage, en particulier, les récréations et les récompenses.

Ainsi délimité, ce sujet demeure encore bien vaste. Nous nous attacherons du moins à ne rien négliger d'essentiel, en insistant sur les détails les plus intéressants.

Parlons pour aujourd'hui des récréations :

Nous les diviserons, pour plus de clarté, en récréations ordinaires et récréations extraordinaires.

J'appelle, le mot même l'indique, récréations ordinaires celles que nous offrons à nos enfants au cours même des réunions ordinaires du patronage.

Notons d'abord que, sauf impossibilité matérielle, ces récréations doivent, en principe, occuper la plus grande partie du temps.

Nous ne pourrions approuver la pratique contraire, et qu'on affectât par exemple, à quelques rares intervalles près, toute une après-midi à des exercices de salle : instruction religieuse, enseignement ménager, cours de chant, etc.

Le patronage n'est ni un catéchisme, ni une école. Le patronage reçoit les enfants les jours de congé. A des écolières et à des ouvrières, fatiguées du travail quotidien, il doit procurer, avant tout, le repos physique autant que le repos moral. Gardez-vous donc, Mesdames, de changer le caractère de votre œuvre, en vous laissant entraîner, sous un prétexte ou un autre, à surcharger votre horaire de cours qui n'ont rien à voir avec le patronage proprement dit. Je dis « surcharger ». Je comprends fort bien que vous fassiez une place dans votre programme à l'instruction religieuse, au chant, à l'art du ménage, mais que ce ne soit pas au détriment des récréations, et en respectant autant que possible ce principe que nos enfants doivent passer à intervalles réguliers la moitié du temps sur la cour.

Je sais bien d'où vient l'abus contraire. Tantôt c'est une maîtresse de chant qui ne voit que sa musique, tantôt un apôtre de l'enseignement ménager qui ne rêve que cuisine, tantôt une catéchiste émérite toute préoccupée de « chauffer », passez-moi l'expression, ses élèves pour les examens de l'Archevêché. Souvenez-vous, Mesdames, qu'il vous appartient en votre qualité de directrices, de rappeler à chacun le sentiment de la mesure, et, dans l'intérêt même de l'œuvre, de n'en laisser détruire ni le but ni l'harmonie par des entreprises inopportunes ou des zèles excessifs. C'est pour cela même que vous êtes directrices.

La récréation doit donc tenir la première place dans le programme d'une journée de patronage.

Mais en quoi consistera-t-elle? Dans le jeu évidemment, et, de préférence, dans le jeu en plein air.

Mesdames, il nous arrive parfois des directrices novices, dont le premier souci, dès qu'elles ont résolu de fonder un patronage, est d'acquérir des jeux. Elles ne se doutent pas que ces jeux n'ont, pour la bonne organisation des récréations, qu'une importance très secondaire, qu'ils ne groupent, au risque de les isoler ou de faire des jalouses, que quelques enfants, et que celles-ci d'ailleurs s'en lassent bien vite. Nous ne sommes pas, certes, ennemi irréductible des raquettes, ni des grâces, ni surtout des cordes; peut-être ferions-nous des réserves, mais simplement des réserves, au sujet de la balançoire. Mais nous tenons que tous ces jeux isolés ne valent pas les rondes folles ou les courses rapides sur la cour, auxquelles prennent part toutes les enfants, petites et grandes; nous tenons qu'ici les conversations particulières et les coteries ne sont plus à craindre, que le dévouement des grandes aux petites est favorisé, que l'entraînement général est beaucoup plus facile au grand profit de la santé et de la gaieté des enfants.

Encourageons donc, Mesdames, le plus possible, les jeux généraux, et (je ne fais que rappeler ce point déjà traité dans la dernière conférence) obligeons à jouer toutes nos enfants, même les grandes.

Mais pour que les jeux soient intéressants, il faut les organiser. C'est ici qu'une fois de plus intervient l'esprit de méthode. Oui, il faut de la méthode, même dans l'organisation des jeux. Il faut que, dès le début des réunions, les jeux soient fixés et choisis en harmonie avec la saison et les goûts des enfants. Il faut que chaque jeu ne dure pas trop longtemps afin de ne lasser personne; que les jeux de course alternent avec les jeux plus calmes; que toujours l'on veille, sans que les enfants s'en doutent, à ne pas laisser tomber l'entrain.

J'ai préconisé, Mesdames, les jeux sur la cour. Je considère, en effet, les jeux dans les salles comme un pis-aller, en cas seulement de mauvais temps. Il serait désirable que ceux-ci eussent lieu dans une salle appropriée, et non dans celles où se font les réunions, ceci dans l'intérêt de la discipline, pour habituer les enfants à ne jamais causer dans certaines salles, et pour ne pas déranger le mobilier.

Les jeux de salle réclament une organisation et une surveillance spéciales. Donnons ici encore la préférence aux jeux généraux. Je n'augure rien de bon, en général, des jeux « par petites tables », C'est, sous couleur de loto, de domino, de jeux de l'oie, le triomphe des conversations particulières toujours si dangereuses. Combien sont préférables les charades, les questions, auxquelles tout le monde prend part. Combien intéressante encore une belle histoire, contée par la directrice, ou quelque jolie chanson, entonnée par une grande, et dont on répète en chœur le refrain.

Cette question des jeux au patronage demanderait à elle seule toute une conférence. Mais nous sommes obligé de nous borner à l'essentiel, pour parler plus amplement des récréations extraordinaires, c'est-à-dire des promenades et des séances récréatives.

J'ai dit, Mesdames, récréations « extraordinaires » pour bien marquer qu'il s'agit de divertissements qui ne doivent pas gêner, par leur fréquence exagérée, la vie normale de l'œuvre.

Que dans certains patronages de campagne, qui ont le bonheur de disposer comme cour de récréation des prairies et des bois du voisinage, la promenade entre dans le programme des réunions ordinaires, nous n'y voyons pas d'inconvénient. Mais à Paris et dans les villes, les conditions ne sont plus les mêmes. Sans parler de la question des frais, c'est la vie même du patronage qui se trouve immobilisée par ces déplacements qui se font forçément à de grandes distances et prennent au moins une demi-journée. La même gêne résulterait pour nos œuvres de séances récréatives trop multipliées, dont la préparation et l'installation ne vont jamais sans une certaine perturbation. Enfin et surtout, comme nous l'avons dit, sachons doser au degré voulu et sans excès, les plaisirs de nos enfants pour ne point leur en faire perdre le goût.

Comment maintenant organiser une promenade?

Il faut d'abord la préparer.

La date des deux ou trois promenades à donner aux enfants doit avoir été prévue, du moins approximativement, dès le début de l'année. Il va de soi qu'on la placera dans la belle saison.

Un grand art est de faire valoir la promenade longtemps à l'avance : « On ne sait pas encore si l'on pourra la faire... les temps sont durs... la bourse du patronage est vide... et puis, vraiment, on attend pour la mériter des efforts plus sérieux. » Bien entendu on aura soin, jusqu'au dernier moment, afin de piquer davantage la curiosité, de tenir caché le but de l'expédition.

Cependant ce but la directrice le choisira avec soin. Les environs de Paris ne manquent pas de sites pittoresques et commodes. Qu'on ne craigne pas d'aller les chercher un peu loin, pourvu qu'ils soient d'accès facile. Nos petites Parisiennes aiment à aller loin et à se donner l'illusion d'un grand voyage... Les lieux qu'elles affectionnent sont les grands bois où elles peuvent s'ébattre à l'aise, sans crainte de la foule importune, avec de larges clairières, propices aux rondes joyeuses, et, sur la route, quelques fleurs à cueillir.

Une grave question est celle des vivres. Les emporter ne va pas sans embarras. Aussi peut-il sembler plus pratique de les faire préparer d'avance au lieu même du rendez-vous. Cependant gardons-nous de priver nos enfants du traditionnel déjeuner sur l'herbe, le clou, oserai-je dire, de la promenade. Peut-être trouverons-nous tout à l'heure un moyen de leur faire apporter elles-mêmes leurs paniers sans les trop charger. Ce serait l'idéal. Les enfants, dont il est juste que nous consultions les goûts, seraient ravies ; les mamans rempliraient les paniers mieux que nous-mêmes et la caisse du patronage y aurait aussi son profit.

Reste le choix des moyens de transport. A Paris surtout, ils ne manquent pas. Il y a le chemin de fer, les bateaux... Chacun a ses avantages et ses inconvénients.

Le chemin de fer va vite et loin, au moins dans l'imagination des enfants. On y trouve toujours de la place, pourvu que l'on prévienne quelques jours à l'avance, et les réductions de 40 ou 50 % consenties par les compagnies sont précieuses. Mais le chemin de fer n'est pas toujours à la porte du patronage, il faut parfois aller le chercher à l'autre bout de la ville ; le chemin de fer ne vous transporte pas au fond des bois ; il a la fâcheuse habitude de brûler la politesse aux retardataires ; le chemin de fer n'est pas sans danger.

Dangereux également le bateau ; lui aussi lève l'ancre sans prévenir. Par contre le voyage par eau est pittoresque et moins fatigant... Mais, hélas, le bateau n'a pas non plus son port d'attache au patronage et ne nous mène pas non plus au fond des bois.

Ne parlons pas des omnibus. Sauf sous forme de tramways, ils ne sortent guère de Paris et sont trop connus de nos enfants pour exercer sur elles le moindre prestige. Tout au plus peuvent-ils servir de correspondance entre la gare et le patronage.

Il est un véhicule, Mesdames, qui, sans nous faire oublier les mérites des autres, garde cependant nos préférences. C'est la voiture de courses, la pimpante héritière de l'antique char-à-banc. Avec elle, plus de longues promenades à travers Paris, elle vient prendre les enfants à la porte du patronage, vous conduit où vous voulez, part quand vous voulez, et entre temps, tandis que votre jeunesse se disperse par les chemins ou sous les grands arbres, se transforme en vestiaire et en garde-manger. Le voilà trouvé le moyen d'emporter les paniers sans fatigue. La voiture les garde avec les effets.

Et quel retour triomphal, le soir, quand, au bruit des grelots, chargée de figures radieuses et couverte de fleurs, la voiture revient au faubourg, sous les yeux sympathiques de la foule que la bonne tenue de nos jeunes filles impressionne autant que leur communicative gaieté! N'est-ce pas pour le patronage catholique un succès et du meilleur aloi?

Le seul inconvénient de la voiture, c'est de coûter un peu plus cher que les autres moyens de transport. Mais puisqu'elle emporte les paniers et que les mamans les remplissent, tout compte fait, elle nous vaut encore des bénéfices.

Je n'ai pas besoin, Mesdames, d'insister avec vous sur la surveillance, plus nécessaire en promenade qu'ailleurs. Mais il faut qu'elle s'exerce discrètement, maternellement, en laissant aux enfants le plus de liberté possible.

Une excellente précaution est de les diviser par petits groupes de huit ou dix, placés chacun sous la responsabilité d'une directrice ou d'une grande. Avec ce système, les mouvements se font, pour ainsi dire, tout seuls. Chaque enfant monte en voiture avec son groupe, le rejoint au moment du ralliement et revient avec lui. On fera bien également, comme le bon berger, de compter de temps en temps ses brebis, surtout au retour, pour s'assurer qu'aucune n'est restée en chemin.

Ainsi préparée et conduite, et pourvu que le soleil se mette de la partie, la promenade est assurée du succès. Ce ne sont certainement pas nos jeunes filles qui manqueront d'y mettre de la gaieté et de l'entrain.

Un dernier mot, Mesdames. Il est bien entendu qu'une même promenade ne doit pas grouper toutes les enfants du patronage, les petites et les grandes. Ce que nous avons dit s'applique surtout aux promenades de persévérantes.

Il y a tout intérêt à organiser pour les petites des promenades spéciales. Il n'est pas nécessaire, d'abord, de les mener si loin. Une visite au Jardin des Plantes ou, dans les grandes circonstances, une excursion au Bois de Boulogne, même en tramway ou par le chemin de fer de ceinture, leur paraîtra au bout du monde et les comblera de joie. Allant moins loin, la promenade prendra moins de temps; une après-midi y suffira, et un succulent bien que modeste goûter remplacera avantageusement le déjeuner sur l'herbe.

Hâtons-nous maintenant de dire quelques mots d'un autre genre de divertissements extraordinaires dont nos enfants ne sont pas moins friandes : les séances récréatives.

Ici encore l'on ne saurait tout dire. Il y a toutes sortes de séances récréatives : les représentations scéniques, depuis le monologue jusqu'au drame en deux ou trois actes, les séances de presdigititation, les projections, les phénomènes, etc., etc., le tout agrémenté de chant et de musique.

Nous n'avons le temps de parler que des représentations scéniques.

On peut se demander, d'abord, s'il est bon que les enfants y contribuent.

Oui, répondrons-nous, et dans la plus large mesure possible. C'est toujours l'application de ce principe, qu'il faut saisir toutes les occasions de développer chez nos jeunes filles l'initiative, la personnalité, et les faire entrer franchement, pleinement, aussi avant que possible dans la direction même de l'œuvre.

Mais, nous dira-t-on, est-il prudent de favoriser chez elles le goût du théâtre?

Ce n'est pas, Mesdames, dans ces innocentes séances récréatives que vos jeunes filles iront prendre le goût du théâtre; elles ont d'autres occasions de le prendre, si elles devaient le prendre.

Quant à se croire la vocation des planches parce qu'elles se seront, ou croiront s'être tirées convenablement d'un rôle, permettez-moi de vous dire que ce danger ne se présentera pas si vous savez l'éviter.

C'est à vous, qui connaissez vos enfants à ne

pas mettre trop en vue celles que le succès pourrait griser, à vous inspirer, pour l'attribution des rôles, autant des dispositions morales de vos jeunes filles que de leurs aptitudes scéniques, à sacrifier même au besoin celles-ci aux premières.

Mais ceci dit, appliquez-vous à les faire jouer le mieux possible. Qu'elles prennent ici comme partout l'habitude de bien faire ce qu'elles font.

Au reste, l'intérêt même de votre œuvre le demande. Quel but vous proposez-vous en donnant une séance récréative? De faire passer une soirée agréable aux enfants et aux familles et de gagner à votre œuvre des sympathies. Évidemment vous n'avez pas l'intention d'y parvenir en offrant à l'auditoire des choses médiocres et mal présentées. Vos jeunes filles ne sont pas des artistes, c'est entendu, mais encore faut-il qu'elles ne fassent pas bâiller tout le monde.

Cette préoccupation de bien faire, apportons-la nous-mêmes, Mesdames, d'abord dans le choix des pièces.

Écartons résolument toutes les niaiseries sentimentales et filandreuses dont il importe que les catholiques répudient la spécialité. Les bonnes pièces sont rares, je le veux bien, mais encore existent-elles, et faut-il prendre la peine de les découvrir.

Choisissons également des pièces qui ne soient pas trop difficiles à jouer et qui conviennent à l'auditoire. En règle générale la comédie est plus facile que le drame. Il faut être déjà exercé pour donner dans le drame la note juste et ne pas tomber dans la déclamation. La comédie se rapproche davantage de la vie ordinaire, il est plus facile d'y être naturel.

Est-il besoin, Mesdames, d'insister pour que jamais nous ne laissions passer dans les scènes comiques le moindre manquement aux convenances et même au bon goût. A cet égard nous ne saurions être trop sévères. Souvenons-nous que, même en donnant la comédie, nous restons éducateurs, et que la trivialité ne saurait avoir sa place dans une œuvre chrétienne et surtout une œuvre de jeunes filles.

Efforçons-nous de varier le programme de nos séances, d'y faire succéder le grave au doux, le plaisant au sévère. Quelques intermèdes très courts nous permettront de faire valoir tous les talents de nos enfants et un peu de musique mettra tous les cœurs à l'unisson.

Le programme choisi, il s'agit de l'exécuter, et d'abord de le préparer.

C'est la tâche ingrate. Les répétitions coûtent beaucoup de peines et de fatigues. Les enfants ne sont jamais pressées de savoir leurs rôles. Exigeons pourtant qu'elles les sachent avant de commencer les répétitions d'ensemble. Une excellente méthode est de lire d'abord son rôle à chacune sur le ton voulu. On évite ainsi, dès le début, les intonations fausses, et l'enfant dont vous avez, par là même, simplifié la tâche, s'y met avec d'autant plus d'empressement et de plaisir.

Faut-il entrer, Mesdames, dans plus de détails encore? Veillez à ce que vos jeunes artistes articulent nettement chaque syllabe, même lorsqu'elles chantent; enseignez-leur à mettre en relief le mot de valeur, à savoir se tenir sur la scène, à ne pas multiplier leurs gestes hors de propos et à les faire simplement, naturellement. Tout cela, encore une fois, exige beaucoup de peines et d'efforts, mais quelle récompense quand, le jour de la séance, vos chères enfants s'acquittent de leur rôle à la satisfaction générale, et toujours modestes, sachant bien qu'elles vous doivent la plus grande part de leur succès, vous disent simplement, avec un reste de charmante inquiétude : « Était-ce bien, Mademoiselle? »

Évidemment ce n'est pas du premier coup qu'elles peuvent aborder la scène des grandes séances extraordinaires. Il y a un moyen de les y préparer peu à peu. Ce sont les petites séances plus simples qu'il est d'usage dans certains patronages d'organiser tous les deux ou trois mois, dans l'après-midi, et auxquelles n'assistent pas les familles. On est ainsi plus entre soi. Le programme, sans prétention, comporte une petite pièce très courte, quelques monologues, poésies et morceaux de chant. On a soin de faire figurer dans ces séances même des enfants plus jeunes.

Il est facile de concevoir quel élément d'intérêt ces divertissements introduisent dans la vie de l'œuvre. Les spectateurs en sont toujours heureux et les acteurs y prennent, à la grande satisfaction des parents, des habitudes de goût, de diction, de maintien, qui contribuent à établir la réputation du patronage.

Un dernier mot, Mesdames, sur une institution que nous voudrions voir fleurir dans toutes vos œuvres et qui nous semble bien faite pour y répandre la gaieté et la joie. Je veux parler, son nom même est éloquent, de la *compagnie d'entrain*.

La compagnie d'entrain est formée de tous les bons diables du patronage. Elle se recrute d'elle-même, sous le contrôle de la directrice. On ne demande pas d'autres conditions aux candidats que d'avoir bon esprit, et d'être très gais, et comme la joie est de tous les âges et qu'il s'agit de la répandre dans tous les groupes, on y admet même les écolières.

La compagnie d'entrain s'administre elle-même sous la direction de trois chefs qui ont droit d'initiative.

Elle se réunit tous les quinze jours, règle souverainement la liste des jeux et s'occupe de tout ce qui peut entretenir dans l'œuvre la gaieté et la vie. C'est à ce titre qu'elle se charge de la préparation des séances, toujours à l'affût de pièces intéressantes et de récréations nouvelles.

Les membres de la compagnie portent un insigne symbolique, qui parle aux yeux, comme toute leur figure rieuse : une bouffette ornée de petits grelots.

Mesdames, adoptez la compagnie d'entrain et je vous promets que la joie ne chômera pas dans vos œuvres. De tous les attraits du patronage, je n'en connais pas de meilleur.

SIXIÈME CONFÉRENCE

Les attraits du patronage (suite) : Les récompenses. Tableau d'une journée de patronage.

Mesdames,

Nous n'avons pu traiter complètement le sujet de notre dernière conférence : les attraits du patronage. Nous avons dû nous borner à parler des récréations ordinaires et extraordinaires. Il nous reste à étudier l'intéressante question des récompenses. Nous esquisserons ensuite, pour clore ces conférences, ainsi que nous l'avons annoncé, le tableau d'une journée de patronage.

On ne saurait, Mesdames, se passer de récompenses dans une œuvre de jeunesse. Sans exclure des mobiles plus désintéressés et plus élevés, elles constituent pour l'enfant un stimulant que rien ne remplace. Aussi valent-elles qu'on leur consacre un chapitre spécial.

Mais il faut savoir s'en servir, et d'abord ne pas confondre l'abus avec l'usage. Le prix d'une récompense est moins en elle-même que dans l'effort exigé pour l'obtenir. Gardons-nous donc de récompenser à l'excès. Quand les enfants pour recevoir n'ont plus qu'à tendre la main, ils sont bien près de dédaigner ce qu'on leur offre.

Sachons aussi choisir et proportionner nos récompenses selon le mérite, l'âge, le goût des enfants. Le plus beau cadeau est celui qui fait le plus de plaisir. On peut en dire autant des récompenses.

Enfin veillons à ne pas donner aux récompenses un caractère personnel et exclusif. Qu'elles soient remises au nom de la directrice ou mieux encore du patronage. C'est une manie chez certaines auxiliaires que de vouloir récompenser elles-mêmes les enfants qui leur sont confiées, manie déplorable qui méconnaît souvent le vrai mérite, amène de groupe à groupe des comparaisons fâcheuses, et ne procure d'ailleurs à celles qui en sont affligées qu'une popularité éphémère et de mauvais aloi.

Ceci dit, quelles récompenses donnerez-vous, Mesdames, à vos enfants?

Pour plus de clarté, nous adopterons la même division que pour les récréations et nous parlerons successivement des récompenses ordinaires et des récompenses extraordinaires.

I

Nous appelons récompenses ordinaires celles qui se donnent au cours des réunions ordinaires du patronage.

Il est un genre de récompenses, Mesdames, dont nous ne voulons parler que pour le bannir absolument : ce sont les bonbons. Au risque de paraître sévère, il ne peut nous entrer dans l'esprit que, même et surtout sous le couvert d'une récompense, on encourage officiellement la gourmandise.

Qu'exceptionnellement, à l'occasion, par exemple, d'un baptême ou du nouvel an où ces distributions sont d'usage, on gratifie les enfants de quelques dragées, nous n'y voyons pas d'inconvénient. Mais considérer les sucreries comme un moyen normal de récompense, coter en dragées les leçons bien sues, souligner d'une manne de réglisse ou de guimauve la visite de quelque personnage, voilà qui peut paraître étrange.

Vraiment, en userait-on ainsi avec ses propres enfants, et si l'on traite les autres différemment, serait-ce donc qu'on les estime d'essence inférieure?

Et puisque nous parlons bonbons — on vous avait promis, Mesdames, des conférences pratiques, vous voyez si je tiens parole, — n'y aurait-il pas lieu de réagir sérieusement, dans nos œuvres, contre ce péché mignon de la gourmandise, décidément trop envahissant? A peine nos enfants — que dis-je nos enfants, ce sont souvent de grandes jeunes filles — ont-elles quelques sous, qu'elles les dépensent en friandises. Il y a là un abus incompatible avec l'esprit de sacrifice et le respect de soi que demande le christianisme. Quand on ne peut se passer à quinze ans de sucer des bonbons, on ne saurait être à vingt-cinq une femme forte et une vraie chrétienne.

On ne trouvera donc pas de bonbons, Mesdames, dans votre armoires aux récompenses.

On y trouvera en revanche une ample provision de bons points.

L'antique et modeste bon point, malgré les concurrences qu'on lui suscite de nos jours, est encore le moyen d'encouragement idéal. Il ne coûte pas cher — on peut, au besoin, le fabriquer soi-même, — mais surtout il est commode. Avec lui point d'écritures ni de comptabilité. Il se donne de la main à la main et se reprend de même. Il vaut ce que vous voulez qu'il vaille, dix ou un, à votre gré.

Ce petit carton que l'enfant montre avec joie le soir à ses parents, qu'il serre précieusement dans son coffret, lui servira, le jour venu, de monnaie d'échange contre une récompense plus solide. Mais, en attendant, il a déjà sa valeur. Il est le témoignage de l'exactitude, de la bonne tenue, des efforts accomplis, qu'il s'agisse de la simple présence au patronage, ou d'exercices spéciaux que l'on veut encourager particulièrement, comme les cours de couture ou de chant.

Doit-il aussi servir à récompenser l'assistance à la messe? La question a été posée ici même et résolue, me semble-t-il, à la satisfaction de tous. On a dit que, dès lors qu'il ne s'agissait que de jeunes enfants à qui il fallait faire prendre l'habitude de la messe, avant même qu'elles ne puissent en comprendre toute l'importance, il était légitime de les encourager par un bon point. Un mot pourra peut-être préciser encore cette solution. Disons que le bon point n'est pas destiné à récompenser l'assistance à la messe, mais l'exactitude. On ne le donnera donc qu'aux enfants présents au patronage au moment du départ pour l'église, sauf à ne pas récompenser les retardataires.

Le bon point peut rendre d'autres services encore. Illustré avec soin, comme dans les collections de la rue Bayard, il grave dans l'esprit des enfants les grands faits de l'histoire sainte ou de l'histoire nationale, servant ainsi de commentaire vivant à l'enseignement du patronage.

A côté du bon point, il y a l'image proprement dite. De l'image, Mesdames, je ne voudrais pas médire, elle peut être, quand elle est bien faite, un puissant moyen d'édification et de propagande. Mais, de grâce, qu'elle soit bien faite, qu'elle ne blesse ni le goût ni surtout le respect qui est dû aux sujets sacrés qu'elle représente. Songez, Mesdames, que ces images que vous distribuez à vos enfants peuvent aller partout et dans les pires milieux. Et quel bien voulez-vous qu'elles fassent si elles ne sont que des caricatures grossières des objets de notre foi et de notre vénération, et représentent en des couleurs criardes, des colombes alanguies, des cœurs en équilibre ou des anges conduisant des rapides à destination du paradis? De telles productions sont un vrai scandale. On en sourit, mais on ne saurait assez les flétrir.

Et ce que nous disons des images, il faut le dire également des objets de piété, particulièrement des crucifix. Il y a tels christs qui devraient être interdits, tant ils sont laids.

Ah! je sais l'excuse que l'on allègue. « Ils sont si bon marché! » Tels qu'ils sont, ils sont encore trop cher! Je comprends que l'on veuille partout répandre la croix, qu'on la veuille à tous les chevets, mais j'imagine que c'est pour dire quelque chose à ceux qui la contemplent, et non pour profaner de cette indigne façon l'image du Crucifié. D'ailleurs, il est possible aujourd'hui de se procurer à peu de frais des christs convenables; encore faut-il y mettre les quelques sous nécessaires.

J'ai fait allusion, Mesdames, à la concurrence que rencontre aujourd'hui notre vieux bon point. J'ai voulu parler du carnet de notes. Le système a du bon. Une note est plus précise qu'un bon point, elle appelle davantage l'attention des parents obligés de signer régulièrement le carnet. Mais quelle complication d'écritures, surtout s'il s'agit d'un patronage nombreux ! Ce qu'une maîtresse de classe peut faire une fois tous les quinze jours devient presque impossible en une journée de patronage.

Il est vrai que le système des notes peut s'appliquer dans un groupe plus restreint, à un exercice déterminé, par exemple, à la leçon de couture, et alors il rend de précieux services.

Entre les récompenses ordinaires et les récompenses extraordinaires qui ne se donnent qu'une ou deux fois dans l'année, signalons pour les enfants plus jeunes, les récompenses mensuelles.

C'est d'abord le grand ruban.

Dans les patronages où les écolières sont divisées par groupes, la directrice passe tous les mois dans les salles et remet le grand ruban à l'enfant la plus méritante. Ce ruban demeure pendant tout le mois la propriété de l'enfant qui peut l'emporter chez elle.

Aux autres enfants les mieux notées la directrice remet un témoignage de satisfaction signé de son nom, et assez luxueusement orné.

On a constaté que ces récompenses mensuelles excitent au plus haut point l'émulation des enfants. Destinées à récompenser l'ensemble des efforts, et décernées au concours, elles doivent être préparées avec soin et exigent une véritable comptabilité.

II

Il nous reste à parler, Mesdames, des récompenses extraordinaires. Extraordinaires, elles le sont en raison même de leur rareté qui en rehausse le prix.

Nous avons eu déjà l'occasion de parler de quelques-unes. Une promenade, une séance récréative peuvent servir de récompense. Il est vrai que si toutes les enfants y participent, ce ne sera plus une récompense... à moins que toutes ne l'aient également méritée. Question oiseuse en somme, puisqu'un jour de séance ou de promenade, il n'y a plus, par une heureuse fiction, que des méritantes ou des repentantes.

Dans certains cas, cependant, la promenade peut devenir une récompense au sens strict du mot. C'est quand elle s'adresse à un groupe d'élite dont on veut spécialement récompenser les efforts. C'est ainsi qu'on peut organiser une promenade des enfants du Bon-Conseil, ou encore des lauréates des examens de l'Archevêché, excellent moyen, entre parenthèse, d'encourager l'instruction religieuse.

Le type des récompenses extraordinaires, au vrai sens du mot, c'est-à-dire auxquelles toutes les enfants participent, mais en proportion de leur mérite, vous le connaissez, Mesdames, c'est la vente aux bons points.

La vente aux bons points est en usage dans presque tous nos patronages. Je n'ai donc pas à vous en expliquer longuement le fonctionnement. Dans cette vente, les enfants achètent, comme vous le savez, les récompenses avec leurs propres bons points.

La vente joue ainsi le rôle d'un véritable distributeur automatique, offrant des garanties de justice et d'impartialité absolues. Pas de jalousies ni de récriminations possibles; l'achat est libre, les prix fixés d'avance, les bons points entre les mains des enfants qui les emploient comme elles veulent.

La vente a lieu ordinairement deux fois par an. Il est bon de la faire en novembre et en juin. On obtient ainsi plus d'assiduité de la part des enfants. Elles restent, en effet, jusqu'à la vente de juin pour ne pas perdre le bénéfice de leurs bons points, et elles s'empressent de revenir dès la rentrée pour compléter, en vue de la vente de novembre, le capital de bons points accumulé jusqu'aux vacances.

On conçoit quel intérêt offre pour les enfants une vente de ce genre, mais encore faut-il qu'elle soit bien organisée et minutieusement préparée. Il importe surtout que les objets soient bien choisis, en harmonie avec les besoins, les goûts des acheteuses, et assez variés pour satisfaire tout le monde.

Aussi vaut-il mieux faire autant de ventes distinctes qu'il y a de groupes au patronage, c'est-à-dire une pour les petites, une autre pour les enfants des catéchismes, et une troisième enfin pour les persévérantes.

Quels sont les objets qui plaisent le plus aux enfants? C'est vous, Mesdames, qui pouvez le savoir. Les goûts varient d'une province à l'autre, et souvent, à Paris, d'un quartier à l'autre.

Cependant il est possible, pour Paris du moins, de donner quelques indications.

S'agit-il des écolières? Elles affectionnent plus particulièrement les articles de papeterie et les fournitures d'école : les cartables, les buvards, les plumiers, les porte-plumes ouvragés et les jolis porte-mine, les encriers de poche, et jusqu'aux modestes cahiers à « soixante » et « cent » pages, comme elles disent. Pourquoi cet engouement pour de simples cahiers? Parce qu'aujourd'hui où l'on donne à l'école toutes les fournitures classiques, nos petites filles aiment bien avoir leurs objets à elles et qui ne soient pas marqués de l'estampille officielle.

Les grandes jettent plutôt leur dévolu sur l'article de Paris : les petits porte-monnaie, en cuir de Russie... ou à peu près, les nécessaires, les coffrets.

Les unes et les autres aiment encore les chapelets menus, blancs, bleus, roses, ceux d'acier surtout, qui tiennent bien dans la poche; les petits livres de piété, Journées du Chrétien, Imitations de Jésus-Christ, à la condition qu'ils flattent l'œil; les statuettes de bon goût et les christs... bien faits.

A côté des articles de fantaisie on recherche aussi, sur le conseil des mamans, des choses utiles : des mouchoirs, de la toile, du coton, des bas, voire des coupons d'étoffe et des parapluies, quand le nombre des bons points le permet.

On le voit, c'est tout un magasin que la directrice doit monter pour bien achalander sa vente. Il est vrai qu'à Paris elle trouve des ressources précieuses dans les bazars de gros qui avoisinent l'Hôtel de Ville, et dans les maisons de nouveautés, particulièrement à l'époque des expositions. Elle fera bien, surtout s'il s'agit des grandes, de consulter à l'avance leurs goûts, en s'enquérant du nombre de leurs bons points.

Le jour de la vente, elle satisfera d'abord les gros clients dont elle a pris, d'avance, les commandes. Puis les menus objets seront vendus par sortes et à prix fixe. Toutefois, s'il y a plus d'amateurs que d'objets, on établira les enchères. La vente prend alors un aspect des plus curieux : les convoitises s'aiguisent, les désirs s'obstinent, et c'est avec un soupir de triomphe qu'on remportera de la lutte, qui un tour de cou, qui un jupon pour la petite sœur, qui une insignifiante babiole que le rêve aura parée de ses séductions.

Il y a des œuvres où les enfants viennent acheter au comptoir à tour de rôle et par ordre de mérite, selon le nombre de leurs bons points. Mais ce système demande beaucoup plus de temps et n'offre pas l'intérêt de la vente en commun. On pourrait l'adopter de préférence pour une distribution de récompenses à un petit groupe d'enfants, où les bons points ne joueraient aucun rôle. Il est tout juste alors que les plus méritantes soient les premières à choisir.

Peut-être, Mesdames, nous sommes-nous trop étendu sur cette question des récompenses, particulièrement des ventes aux bons points. Ce que nous voulons signaler une fois de plus, c'est l'intérêt qui s'attache à ne rien laisser au hasard des moindres détails de l'organisation d'une œuvre et le plaisir qui résulte pour tous d'en préparer minutieusement jusqu'aux attraits.

A propos des récompenses, disons un mot des punitions.

Doit-on punir au patronage? Oui, sans doute, mais le moins possible. La contrainte n'est pas de mise au patronage. Les enfants y viennent et y demeurent librement; ils auraient vite fait de fuir et de mettre à l'index une œuvre où l'on punirait trop facilement. La discipline exige cependant que nous ne nous mettions pas à leur merci et que notre autorité garde le dernier mot. Mais, si nous devons sévir, que la punition ait le caractère non d'une peine, mais plutôt d'une privation de récompense. C'est ainsi que l'on pourra, après récidive, enlever un bon point à un enfant qui cause dans une salle, punir un délit plus grave d'une privation de promenade ou de l'exclusion temporaire. En dehors de là, nous ne voyons pas de sanction efficace, et il faut s'en féliciter. Le sentiment de la crainte ne doit jamais jouer dans l'éducation qu'un rôle secondaire, et les enfants qui n'en connaîtraient pas d'autres pour se ranger au devoir ne sont pas faits pour nous.

Une œuvre n'est jamais si prospère que lorsque l'autorité, pour s'y faire obéir, n'a presque pas besoin de sanction, et que l'esprit général y est si bon que les éléments mauvais s'en éliminent d'eux-mêmes.

III

Nous vous avions promis, Mesdames, pour terminer ces conférences, le tableau d'une journée de patronage. Celui que nous allons retracer a été pris d'après nature. Nous n'avons pas la prétention de vous offrir un modèle à suivre aveuglément, mais seulement quelques indications pratiques dont vous pourrez recueillir ce qui vous semblera utile.

Disons d'abord que nous sommes dans une œuvre de faubourg. La population du quartier est pauvre, les familles nombreuses. L'école est à deux pas, l'église également, aussi a-t-on jugé inutile de bâtir une chapelle au patronage.

L'œuvre ouvre ses portes le jeudi et le dimanche.

La journée du jeudi est réservée aux écolières. Dès le matin, à 8 heures, elles arrivent pour la répétition de catéchisme. Ce sont les enfants qui feront leur première communion dans l'année ou l'année suivante. Leurs dames catéchistes appartiennent au personnel du patronage, qui les recrute et les forme, en les faisant affilier à l'Œuvre des catéchismes.

A 8 heures et 1/2, au premier coup de clochette, les enfants accourent se ranger en silence devant les salles de première et de seconde année, et se placent par groupes de neuf ou dix autour de leurs dames catéchistes. Les plus expéditives récitent les premières. Ces dames s'assurent non seulement que le texte est su mot à mot, mais qu'il est compris.

A 9 heures et 1/2, second coup de clochette pour la leçon d'histoire sainte. Celle-ci est faite dans chaque salle par l'une des dames. Les enfants suivent toutes ensemble la leçon, les yeux fixés sur le tableau qu'on leur explique ou répondent aux interrogations.

A 10 heures et 1/2, lecture des notes, prière et départ.

C'est dans l'après-midi qu'a lieu la réunion du patronage proprement dit.

La directrice n'a pas achevé son repas que déjà

retentissent les appels réitérés du timbre de la porte, mais on n'ouvre qu'à 1 heure. Les enfants déposent, en entrant, leur carte de présence et sont accueillies par la plus gracieuse des portières.

La portière, Mesdames, est au patronage, de même qu'au couvent, un personnage important. Le jeudi, le rôle est tenu par l'une des meilleures dames auxiliaires, et le dimanche par la plus avenante des enfants du Bon-Conseil. Elle doit se prêter à recevoir autant de baisers et même plus que d'arrivantes. En revanche, elle remet aux enfants leur bouffette de groupe, bleue, verte, rouge, s'extasie sur la bonne mine des unes, gronde doucement les autres de leurs absences. La portière, c'est le sourire accueillant du patronage.

Nous voici dans la cour. A peine y a-t-il quelques enfants que déjà elles jouent, entraînées aussitôt par ces dames. Pour commencer on saute à la corde, on fait des rondes, tout à l'heure, quand tout le monde sera arrivé, on jouera aux grands jeux de courses, aux barres, aux voleurs et aux gendarmes, etc., etc.

La clochette retentit. Il est 2 heures. Voici les enfants devant les salles; c'est la couture pour les unes, les avis pour les autres.

La couture est facultative. De fait, presque toutes les enfants y viennent. Même les petites ont leur leçon spéciale, et ce ne sont pas les moins zélées. Depuis qu'au patronage on prend les toutes petites, la couture a fait de grands progrès. Il est vrai qu'elle demande, sinon une grande installation, du moins un personnel nombreux, trois maîtresses en moyenne par vingt enfants. Les enfants des catéchismes ont une demi-heure de couture, les petites persévérantes une heure.

Pendant que les unes cousent, les autres assistent aux avis. Dans chaque section la directrice adresse la parole aux enfants, parole simple, pratique, vivante. Ce n'est pas le sermon, ni la conférence, mais la causerie alerte et pittoresque. On y entretient l'enfant de ses devoirs, de ses défauts, en pénétrant le plus que l'on peut dans sa nature, ses idées, sa vie de tous les jours.

A 4 heures, la récréation. C'est la dernière, et il n'en faut rien perdre. Aussi est-elle toujours la plus animée. A 4 heures et demie ou 5 heures selon la saison, dernier coup de clochette pour les avis matériels et le départ.

Les avis matériels donnés respectivement aux petites, aux enfants des catéchismes, aux persévérantes, sont clairs et courts. Ils ont trait à ce qui se fera le jeudi ou le dimanche suivant. On distribue les cartes de présence, timbrées au cours de la séance, et le bon point qui n'est refusé qu'en cas d'infraction au règlement. Enfin on récite, en guise de prière, une dizaine de chapelet.

Les enfants sortent en rangs deux par deux et sont comptées au départ.

Cependant des chants s'élèvent du fond d'une salle. Ce sont les enfants autorisées à rester une demi-heure de plus pour suivre la leçon de musique. On y apprend le chant profane aussi bien que le chant religieux, mais en choisissant toujours des airs simples que les enfants puissent facilement retenir et répéter en chœur.

Après le chant tout est fini, les bruits s'éteignent, le patronage rentre dans le silence et la solitude, à moins, ce qui a lieu tous les mois, que les dames demeurent pour le Conseil.

Peut-être, Mesdames, vous étonnerez-vous que dans ce programme d'une journée de jeudi on n'ait prévu ni messe ni salut. Cela tient à des circonstances particulières. Il peut être excellent, certes, de procurer aux enfants le bienfait d'une messe et d'un salut, même le jeudi. L'important est qu'on le fasse intelligemment, et que la piété y trouve son compte, sans danger de routine.

Mais nous voici au dimanche. C'est la journée de patronage par excellence, celle que les directrices affectionnent le plus, où toute famille se trouve réunie, où les aînées reviennent au nid.

Dès 8 heures moins 1/4, en toilette pimpante, les enfants, je parle des premières communiantes et des persévérantes, sont réunies dans la cour, pour se rendre à la messe. Les rangs sont formés, l'appel est fait, et tout le monde est à l'église pour 8 heures.

Même mouvement pour la messe de 10 heures

à laquelle assistent les enfants plus jeunes.

Ces deux heures nous paraissent commodes. A 8 heures, les grandes peuvent faire facilement la sainte communion et elles sont libres plus tôt pour pouvoir vaquer aux soins du ménage. A 10 heures, les mamans ont eu le temps — grande affaire — de préparer leurs petites filles qu'il ne faut pas d'ailleurs faire lever trop tôt. Et ainsi, par les unes et par les autres la messe est plus régulièrement suivie.

Il s'agit, bien entendu, d'une messe basse, mais accompagnée d'une allocution de dix minutes, spéciale aux enfants, et de chants exécutés par elles.

En dehors de la messe, il n'y a pas, le dimanche matin, de patronage proprement dit, sauf, le cas échéant, pour les réunions de congrégation qui reviennent chacune une fois tous les mois.

Le soir, ouverture, comme le jeudi, à 1 heure. Mais cette fois ce sont les grandes, les enfants du Bon-Conseil qui font les honneurs du patronage et accueillent joyeusement leurs petites compagnes.

A 2 heures et 1/2, appel devant les salles pour les catéchismes de persévérance, ou les réunions de sections.

De 3 heures à 4 heures moins 1/4, nouvelle et dernière récréation. Vous voyez, Mesdames, que le jeu occupe la plus grande partie du temps, et c'est nécessaire. Les patronages où l'on ne sait faire que des cours, même le dimanche, ne sont plus des patronages. C'est plaisir, au contraire, de voir, dans les récréations, l'animation des enfants petites et grandes, jouant toutes ensemble, et partout présents les membres de la compagnie d'entrain dont les bouffettes rouge vif tranchent sur les rubans bleus et blancs des congréganistes.

A 4 heures moins 1/4, on part pour le salut. Ce salut, comme la messe, est spécial pour les jeunes filles du patronage et chanté par elles. C'est peut-être des réunions de l'église, et à cause de son caractère plus intime, celle qu'elles préfèrent. Elles y chantent de tout leur cœur et entendent encore une allocution qui ne dépasse pas dix minutes. C'est un principe dans l'œuvre de ne pas accabler les enfants de parole, elles n'en écoutent que mieux. Après le salut, c'est-à-dire vers 5 heures moins 1/4, tout le monde revient pour les avis matériels.

Les petites et les écolières partent alors. Le patronage régulier est terminé. Mais les grandes demeurent. C'est pour elles l'heure du repos et la meilleure. Après s'être dévouées pendant toute l'après-midi aux plus jeunes, elles se retrouvent entre elles. Les unes, intrépides, jouent encore, jetant à tous les échos leurs rires éclatants, d'autres entreprennent une partie de croquet, d'autres devisent ensemble. Et pendant ce temps, la directrice voit les unes et les autres; c'est pour elle aussi le meilleur moment, celui où elle fait le plus de bien.

Mais les ombres du soir descendent, il faut aller préparer le dîner. Par petits groupes les enfants se retirent, mais non sans être venues, une dernière fois, saluer leur directrice, et en chantant à mi-voix un refrain qu'elles ont composé pour la circonstance :

Bonsoir, Mademoiselle, bonsoir.

Ce sont de bonnes journées que celles-là, toutes pleines de la franche gaieté de la jeunesse, et de la paix des enfants de Dieu.

En semaine d'ailleurs on pourra se revoir. Mademoiselle loge au patronage et sa porte est toujours ouverte. Le jeudi soir, en particulier, la leçon de chant ou la petite conférence réunit de nouveau les grandes et vient rompre agréablement la monotonie de la semaine.

Nous avons voulu, Mesdames, terminer notre tâche sur cette vision réconfortante d'une de nos œuvres de jeunesse. Pourquoi ne l'avouerions-nous pas, cette vision, nous l'avons eue sous les yeux d'un bout à l'autre de ces conférences. Nous sommes venu vous apporter sur l'œuvre des patronages, l'œuvre urgente entre toutes, non des phrases sonores et des théories creuses, mais des observations et des faits. Nous vous avons parlé de la nécessité, pour y réussir, de certains principes d'ordre et de méthode. Ni l'enthousiasme, feu de paille d'une heure, ni même les plus beaux élans de foi et de confiance en Dieu ne sauraient nous dispenser du grand devoir de ne pas dédaigner ces principes nécessaires. Nous gémissons entre catholiques, et à bon droit, de notre manque d'organisation. Commençons donc par en mettre dans nos œuvres, et alors, mais alors seulement, Dieu fera le reste et nous donnera le succès.

TABLE DES MATIÈRES

Documents manquants (pages, cahiers...)

NF Z 43-120-13

www.ingramcontent.com/pod-product-compliance
Ingram Content Group UK Ltd.
Pitfield, Milton Keynes, MK11 3LW, UK
UKHW021037230726
13926UKWH00004B/1535